汽车服务工程基础

主　编　刘　祯　王敏旺　吴华伟
副主编　李银银
参　编　刘　静　马　超

南京大学出版社

内容提要

本书对汽车服务各领域进行了系统、全面的分析和论述,主要内容包含绪论、汽车营销服务、汽车物流服务、汽车售后服务、汽车维修服务、汽车金融服务、事故现场勘查、二手车服务等内容。本书可作为高等院校车辆工程、汽车服务工程和交通运输相关专业的本科生和研究生教材,也可作为汽车行业从业人员的培训资料和参考书。

图书在版编目(CIP)数据

汽车服务工程基础 / 刘祯,王敏旺,吴华伟主编
. 一 南京:南京大学出版社,2019.12
ISBN 978-7-305-17924-2

Ⅰ. ①汽⋯ Ⅱ. ①刘⋯ ②王⋯ ③吴⋯ Ⅲ. ①汽车工业—销售管理—商业服务 Ⅳ. ①F407.471.5

中国版本图书馆 CIP 数据核字(2019)第 242572 号

出版发行　南京大学出版社
社　　址　南京市汉口路 22 号　　邮　编　210093
出 版 人　金鑫荣

书　　名　汽车服务工程基础
主　编　刘　祯　王敏旺　吴华伟
责任编辑　吕家慧　蔡文彬　　编辑热线　025-83597482

照　排　南京南琳图文制作有限公司
印　刷　南京京新印刷有限公司
开　本　787×1092　1/16　印张 9.5　字数 214 千
版　次　2019 年 12 月第 1 版　2019 年 12 月第 1 次印刷
ISBN 978-7-305-17924-2
定　价　27.00 元

网址: http://www.njupco.com
官方微博: http://weibo.com/njupco
官方微信号: NJUyuexue
销售咨询热线: (025) 83594756

* 版权所有,侵权必究
* 凡购买南大版图书,如有印装质量问题,请与所购
   图书销售部门联系调换

前　言

随着我国汽车服务后市场领域开始走向技术服务、金融服务、新能源、智能化，汽车服务市场逐渐成为汽车业的重要利润增长点，汽车服务市场的竞争愈演愈烈，这也大大提升了现代汽车服务业对高素质工程技术人才的需求。为能满足适应技术发展需要，培养具有创新观念、掌握扎实的汽车技术和汽车服务理论知识，掌握一定的经营管理知识，具备较强的汽车技术服务与经营管理能力，能在汽车整车与零部件制造、汽车服务型企业或部门从事汽车技术服务、经营管理、汽车保险理赔、定损公估等工作的应用型高级工程技术人才，我们在多年从事汽车服务工程相关科研和教学经验上编写了这本书。

"汽车服务工程基础"是一门综合了汽车运用技术、物流、贸易、信息技术和管理等学科相关知识，旨在使学生获得汽车服务工程方面的基础课程，为后续专业课程的学习打下基础。本书从汽车服务的概念及发展、汽车营销、汽车物流、汽车售后、汽车维修、汽车金融、事故现场勘查、二手车服务等汽车服务各领域进行了系统、全面的分析和论述。本书可作为高等院校车辆工程、汽车服务工程和交通运输相关专业的本科生和研究生教材，也可作为汽车行业从业人员的培训资料和参考书。

本书由湖北文理学院刘祯、王敏旺、吴华伟任主编，襄阳市公共检验检测中心李银银任副主编。编写分工：吴华伟（第1章1.1、1.3、1.4，第5章5.1、5.2、5.3、5.4），王敏旺（第1章1.2，第6章6.3，第7章7.1、7.2、7.3），刘静（第3章3.1、3.2、3.3），李银银（第3章3.3，第5章5.5、5.6），马超（第6章6.1、6.2），其余章节均由刘祯编写并统稿。

本书在编写过程中，得到很多汽车服务相关企业的支持，参考了大量的图书、期刊资料，并得到襄阳市软科学研究计划、湖北文理学院"机电汽车"湖北省优势特色学科群和湖北文理学院汽车与交通工程学院特色教材等项目的资助。本书稿编写过程中，研究生林鑫对各类资料进行了整理。在此一并表示感谢！

由于编者水平有限，书中难免存在缺点与错漏，恳请读者在使用过程中不吝指正！

编　者

目 录

第1章 绪 论 ··· 1
  1.1 汽车服务工程概论 ··· 1
  1.2 汽车服务工程的内容及分类 ·· 1
  1.3 国内外汽车服务业的形成与发展 ·· 2
  1.4 汽车服务工程的职业资格证书 ·· 6
  习 题 ·· 7

第2章 汽车营销服务 ·· 8
  2.1 汽车营销的概述 ··· 8
  2.2 汽车市场营销调研 ·· 13
  2.3 汽车市场营销环境分析 ·· 16
  2.4 汽车市场预测 ·· 19
  2.5 汽车营销策略 ·· 23
  2.6 汽车促销策略 ·· 28
  2.7 汽车销售的工作流程 ··· 28
  习 题 ·· 31

第3章 汽车物流服务 ·· 32
  3.1 汽车物流概述 ·· 32
  3.2 汽车物流的分类 ··· 34
  3.3 汽车物流要务 ·· 35
  3.4 汽车物流信息化 ··· 39
  习 题 ·· 43

第4章 汽车售后服务 ·· 44
  4.1 汽车售后服务主要内容 ·· 44
  4.2 汽车售后服务的作用 ··· 45
  4.3 国外汽车售后服务模式的形成与发展 ·· 46
  4.4 国内汽车售后服务模式的形成与发展 ·· 47

    4.5 汽车售后服务相关的政策法规 ………………………………………………… 49

    4.6 汽车生产商体系提供的售后服务 ………………………………………………… 53

    4.7 其他汽车售后服务商 ……………………………………………………………… 67

    习　题 …………………………………………………………………………………… 68

第5章　汽车维修服务 ……………………………………………………………………… 69

    5.1 汽车维修概念与分类 ……………………………………………………………… 69

    5.2 汽车维护 …………………………………………………………………………… 69

    5.3 汽车修理 …………………………………………………………………………… 71

    5.4 汽车检测 …………………………………………………………………………… 74

    5.5 汽车维修质量评价及管理 ………………………………………………………… 75

    5.6 汽车维修行业的现状与发展 ……………………………………………………… 79

    习　题 …………………………………………………………………………………… 84

第6章　汽车金融服务 ……………………………………………………………………… 85

    6.1 汽车金融服务概述 ………………………………………………………………… 85

    6.2 汽车消费信贷 ……………………………………………………………………… 88

    6.3 汽车保险 …………………………………………………………………………… 96

    习　题 …………………………………………………………………………………… 101

第7章　事故现场勘查 ……………………………………………………………………… 102

    7.1 事故现场的分类 …………………………………………………………………… 102

    7.2 事故现场勘查 ……………………………………………………………………… 103

    7.3 汽车损伤鉴定 ……………………………………………………………………… 105

    7.4 事故损失评定 ……………………………………………………………………… 115

    习　题 …………………………………………………………………………………… 121

第8章　二手车服务 ………………………………………………………………………… 122

    8.1 二手车服务概述 …………………………………………………………………… 122

    8.2 二手车鉴定评估 …………………………………………………………………… 125

    8.3 二手车置换 ………………………………………………………………………… 138

    8.4 二手车交易 ………………………………………………………………………… 141

    习　题 …………………………………………………………………………………… 143

参考文献 …………………………………………………………………………………… 144

扫一扫可获取教学资源

第1章 绪 论

1.1 汽车服务工程概论

随着汽车工业的快速发展,出现了越来越多的先进汽车技术和服务理念、现代化的管理手段和科学的管理体系,这在很大程度上延长了现在汽车服务业的产业链。汽车服务已经完全覆盖了整个汽车产业链。

汽车服务是指将与汽车相关的要素同顾客(客户)进行交互作用或由顾客对其占有活动的集合,有广义和狭义之分。汽车服务工程主要涉及汽车服务性工作,以服务汽车产品为基本特征,有广义和狭义之分。

狭义的汽车服务是指从新车进入流通领域,直至其使用后回收报废各个环节涉及的各类服务、包括销售管询、广告宣传、贷款与保险资讯等的营销服务,以及整车出售及其后与汽车使用相关的服务,包括维修保养、事故保险、金融服务、索赔咨询、二手车鉴定与转让、事故救援、车内装饰或改装和汽车文化等。

广义的汽车服务是指从新车出厂进入销售流通领域,直至其使用后回收报废各个环节所涉及的全部技术的和非技术的服务,且延伸至汽车生产领域和使用环节的其他服务。如:原材料供应、产品外包设计、新产品测试、产品质量认证、新产品研发前的市场调研、汽车运输服务、出租汽车运输服务等。

本书主要针对狭义的汽车服务进行讨论,不讨论广义的汽车服务方面的内容。

1.2 汽车服务工程的内容及分类

1.2.1 汽车服务工程的内容

汽车服务工程涉及的范围较广,按照服务内容的特征,主要可以分为以下基本内容。

(1)汽车贸易服务。主要包括汽车营销、二手车交易、进出口贸易、配件经营、物流配送等。

(2)汽车金融服务。主要包括信贷服务、租赁服务、保险服务。

(3)汽车政府公共服务。主要包括智能交通服务(以交通导航为核心)、政策与法律管理(以保护产业发展和规范市场环境为核心)。

(4)汽车文化服务。主要包括汽车俱乐部、汽车运动、汽车的动态文化和静态文化服务。

(5) 汽车的延伸服务。主要包括信息咨询服务、驾驶培训服务、场地服务、故障救援服务、广告与展会服务。

1.2.2 汽车服务工程的分类

(1) 按照服务的技术密集程度分类。主要分为技术型服务和非技术型服务两种。技术型服务包括汽车厂商的售后服务、汽车维修检测与养护服务、智能交通服务、汽车故障救援服务等,其他服务为非技术型服务。

(2) 按照服务的资金密集程度分类。主要分为金融类服务和非金融类服务两种。金融类服务包括汽车消费信贷服务、汽车租赁服务和汽车保险服务等,其他服务为非金融类服务。

(3) 按照服务的知识密集程度分类。主要分为知识密集型服务和劳务密集型服务两种。知识密集型服务包括售后服务、维修检测服务、智能交通服务、信息咨询服务、汽车广告服务和汽车文化服务等,劳动密集型服务则包括汽车物流服务、废旧汽车的回收与拆解服务、汽车驾驶培训服务、汽车展会服务、场地使用服务和代办各种服务手续的代理服务等,其他服务则是介于知识密集型服务和劳务密集型服务之间的服务。

(4) 按照服务的作业特性分类。主要分为生产作业型的服务、交易经营型的服务和实体经营型的服务三种。生产作业型的服务包括汽车物流服务、售后服务、维修检测服务、美容装饰服务、废旧汽车回收与拆解服务、汽车故障救援服务等,交易经营型的服务包括汽车厂商及其经销商的新车销售服务、二手车交易服务、汽车配件营销与精品销售服务等,其他服务为实体(企业)经营型的服务。

(5) 按照服务的载体特性分类。主要分为物质载体型的服务和非物质载体型的服务两种。物质载体型的服务是通过一定的物质载体(实物商品或设备设施)实现的服务,如上述的技术服务、生产作业型服务、交易经营型的服务、汽车租赁服务、汽车广告服务、汽车文化服务、展会服务、场地使用服务等;非物质载体型的服务没有明确的服务物质载体,如汽车信贷服务、保险服务、汽车信息咨询服务、汽车俱乐部等。

1.3 国内外汽车服务业的形成与发展

1.3.1 国外汽车服务业的形成与发展

1. 国外汽车服务业的形成

国外的汽车服务业进步较早,以美国为代表的西方发达国家汽车服务业发展远远比我国成熟,且更加全面。其汽车服务业市场非常大,包括所有与汽车使用相关的业务。发达国家在进入汽车服务时代后,逐渐开拓出汽车租赁、二手车交易、汽车维修和汽车金融等业务,被称为"黄金产业"。

美国的汽车服务概念形成于20世纪初期。以美国福特汽车公司生产的新型T型车进入市场为标志，T型车进入市场标志着汽车使用进入了大众化的阶段。为了在竞争中求生存，美国汽车服务业进入了注重经营成本和更新服务理念的新阶段，表现形式为发展各种新型连锁店和专卖店。

亚洲的日本和韩国都属于在第二次世界大战（简称"二战"）后迅速崛起的国家。二战结束后，它们在得到了以美国为代表的西方发达国家的大力援助的同时，积极主动抓住了发展机遇，在其汽车服务业发展过程中，直接吸收了当时欧美国家的先进汽车服务理念，并加以成功应用。

2. 国外汽车服务业的发展趋势

目前，汽车服务业受经济全球化、信息革命、现代营销理论和绿色革命等因素影响，在汽车服务研究和管理上，把信息技术引入汽车服务领域，以全球化、一体化的观点对待汽车服务市场，以供应链的思想来经营汽车服务业，讲求经济的可持续发展，成为现代汽车服务的重要内容。其发展趋势主要表现在以下几个方面。

（1）品牌化经营

车辆的交易是一次性的，但是优秀的品牌往往最会得到顾客的信赖，这就是品牌的价值所在。品牌可以使商品卖出更好的价钱，为企业创造更大的市场；品牌比产品的生命更为持久，好的品牌可以创造牢固的客户关系，形成稳定的市场。在国外，著名汽车厂家的产品商标同时也是服务商标，特别是汽车修理方面，如果挂出某一个大公司的商标，就意味着提供的服务是经过该公司确认的，使用商标是经过该公司许可的。而国内只认识产品商标，还远远没有认识到服务作为品牌的重要性。

（2）从修理为主转向维护为主

汽车坏了就修理还不是真正的服务，真正的服务是要保证用户的正常使用，通过服务要给客户增加价值。厂家在产品制造上提出了零修理概念，售后服务的重点转向了维护。20世纪80年代，美国汽车维修市场开始萎缩，修理工厂锐减31.5万家，而与此同时，专业汽车养护中心出现爆炸性增长，仅1995年一年就增加了3.1万家。目前，美国的汽车养护也已经占到美国汽车维修行业的80%，年均收入超过100亿美元。

（3）电子化和信息化

随着汽车技术的发展，汽车的电子化水平越来越高，一些汽车产品已经实现了全车几乎所有功能的电脑控制，如动力系统、制动系统、悬架系统、空调系统、转向系统、座椅系统、灯光系统、音响系统等，车载通信系统、车载电子导航系统等也得到越来越多的应用。因此，汽车的维修需要通过专门仪器进行检测，运用专用设备进行调整。汽车修理所需要的产品数据也以电脑网络、数据光盘的形式提供，不再需要大量的修理手册。汽车厂商和修理商也会提供网上咨询，帮助用户及时解决使用中的问题。

（4）规模化经营和规范化经营

汽车维修业的规模化经营与汽车制造业不同，不是通过建立大规模的汽车修理厂或汽车维修中心，而是通过连锁分支机构实施经营。规模化经营同规范化经营是密不可分的。在同一连锁系统内,采用相同的店面设计、人员培训、管理培训,统一服务标志,统一服务标准,统一服务价格,统一管理规则,统一技术支持,中心采用物流配送,减少物资储存和资金占用,降低运营成本。

在汽车厂家提供越来越周到的售后服务的同时,汽车的维修行业也出现专业化的经营趋势,如专营玻璃、轮胎、润滑油、美容品、音响、空调等。专业化经营具有专业技术水平高、产品规格全、价格相对比较低等优势。与此同时,综合化(一站式)经营也发展很快,如加油站同时提供洗车、小修、一般维护、配件供应等服务。

1.3.2 国内汽车服务业的形成与发展

1. 国内汽车服务业的形成

我国的汽车服务业或整体服务体系,起源于计划经济时代的汽车维修服务,发展于汽车厂商的销售流通体系和售后服务体系,形成于其他各项汽车服务的发展和壮大。随着WTO效应以及居民消费水平的提高,中国的汽车消费进入快速增长时期,包括汽车制造业和汽车服务业在内的汽车产业面临着巨大的发展机遇,同时我国汽车市场的快速发展为汽车服务业的发展奠定了良好的产业基础。然而,中国汽车产业的发展现状与其良好的发展前景之间存在巨大的差距,这一点在汽车服务业方面表现得尤为明显。与发达国家相比,我国汽车服务市场的发育程度还很低,主要表现为管理规模偏小,管理水平低,假冒伪劣产品猖獗与服务品牌缺失等。而在发达国家和地区,汽车服务业已相当成熟,主要体现在较大规模的连锁品牌、完善的销售服务网络、庞大的消费信贷等方面,并成为汽车制造厂商的重要利润来源。因此,有必要借鉴国外发展汽车服务业成功经验,以寻求提高我国汽车服务业的发展水平与改善汽车服务企业管理绩效之对策。

服务业的本质特征在于其提供的产品的不可储存性。汽车服务业则是在汽车产业价值链中连接生产和消费的支持性的、基础性的业务及这些业务的延伸业务。在一个成熟的汽车市场中,除掉汽车整车利润后,汽车的销售利润占整个汽车业利润的20%左右,零部件供应利润占20%左右,而50%~60%的利润是从服务中产生的。汽车服务业已成为国外汽车制造商的主要利润来源,也构成了汽车产业可持续发展的重要支柱。

自2000年以来,中国汽车业发展被业界称为"井喷",年增长率达到30%。2012年我国汽车工业再次取得良好成绩,产销突破1 900万辆,创历史新高。2013年我国汽车工业再次取得良好成绩:全国汽车产销2 211.68万辆和2 198.41万辆,比上年分别增长14.8%和13.9%,比上年分别提高10.2和9.6个百分点,增速大幅提升。产销突破2 000万辆,创历史新高,再次刷新全球纪录,已连续五年蝉联全球第一。2014年全国汽车产销分别为2 372万辆和2 349万辆,同比增长7.3%和6.9%。2015年中国汽车产销量分别完成2 450.33万辆和2 459.76万辆,创历史新高,比上年分别增长3.3%和4.7%,总体呈现平稳增长态势、连续七年蝉联全球第一。近年来,我国进入汽车服务市场一个快速增长期,汽车服务产业已经进入中国国民经济主流,成为一个战略性支柱行业。目前,相对于整车销售的利润缩水,中国的汽车服务市场利润率高达40%。

2. 国内汽车服务业的发展趋势

伴随我国私人汽车保有量的持续增长,汽车服务市场的发展空间将日益扩大。目前,我国的汽车服务业虽然开展了很多具体的服务类别,但我国的汽车服务业还存在很多问题,与国外汽车服务业的差距较大,具体来看,我国汽车服务业的发展现状可归纳为以下几个方面。

(1) 行业基础薄弱。我国的汽车服务业起步较晚,行业底子薄,服务类型少,且发展缓慢。

(2) 服务理念落后。与国外汽车服务业相比,目前我国汽车服务业服务理念比较落后。

(3) 综合素质不高。一是服务企业的技术素质不高;二是汽车服务行业的从业人员素质不高;三是缺乏高素质的专业人员。

(4) 市场秩序混乱。一是市场运作混乱,尤其在流通领域,混乱发展的局面十分明显;二是价格体系和执行混乱,在汽车流通领域,存在随意加价销售的行为;三是市场竞争秩序混乱。

(5) 服务能力不足。主要是服务主体的服务能力不足,突出表现在各类服务主体的投资。

根据汽车工程协会提供的数据分析,在 2009 年我国汽车销量达到了 1 300 多万辆,位居全球第一。2010 年上半年,根据中国汽车工业协会提供的数据,汽车产销分别完成 892.73 万辆和 901.61 万辆。中国零部件市场规模的扩大给零部件企业带来了广阔的发展空间。

2008 年国际金融危机以来,国际汽车市场格局发生重大变化。国外一些专门服务于大型汽车公司的研发机构,因其客户各项费用缩减,无活可干,恰恰为我国零部件企业提供了机遇。随着国内自主品牌零部件行业技术水平的不断提高,在改革开放初期,我国汽车零部件行业很小,集中在卡车等商用车领域。轿车发展起来之后,在整车的带动下,零部件行业才开始起步。经过 30 多年的发展,国内自主品牌零部件行业技术水平提升很快,不少零部件企业不仅有能力为自主品牌整车提供配套零部件,也进入合资品牌的配套体系中。

目前,我国正处在由汽车大国向汽车强国迈进的阶段,同时,新能源汽车的发展急需加速,零部件理应成为整车的基础和支撑。因此,应该彻底摒弃仿制的思想,扎扎实实地积累数据,培养人才,积极参与整车的研发过程,依靠自身力量以及借助国际科研资源,向自主创新时代迈进。总之,结合我国汽车服务业具体需求,发展趋势如下:

(1) 在先进的服务理念指导下,我国的汽车服务业将全面形成以人为本和以充分满足私人消费需求为导向的新型服务体系。

(2) 在不断巩固现有服务业务的基础上,一批新兴服务业务将得以开展,部分传统业务的服务方式将发生变革。汽车服务始于新车的销售,一直到其报废回收,在这个很长的时间过程中,汽车服务体系几乎承担了各个环节的全部服务工作。目前,我国的汽车服务体系还没有完全达到要求,其功能体系还不是很健全。因而,随着今后服务市场的发展及其细分化,我国的汽车服务必须扩展到服务和贸易的方方面面,一大批新兴服务业务的出现是必然趋势。

(3) 在继续坚持厂商主导发展方向的同时,汽车厂商的销售服务体系将建成与国际惯例接轨的、功能更加完善的服务体系。

1.4 汽车服务工程的职业资格证书

1.4.1 国家职业资格证书

国家职业资格证书是用人单位承认的,可以作为求职、加薪、评职称的有效凭证。首先必须明确的是,国家职业资格证书体现的是"国家认证",从这个角度来说,国家职业资格证书的突出特点是"国家权威""国家承认"。国家职业资格证书制度是劳动就业制度的一项重要内容,也是一种特殊形式的国家考试制度,它是指按照国家制定的职业技能标准或任职资格条件,通过政府认定的考核鉴定机构,对劳动者的技能水平或职业资格进行客观公正、科学规范的评价和鉴定,对合格者授予相应的国家职业资格证书。

国家职业资格证书一般分为五个等级,即分为初级技能(五级)、中级技能(四级)、高级技能(三级)、技师(二级)、高级技师(一级)共五个等级。

国家职业资格证书是国家证书制度的一个组成部分,它通过国家法律、法令和行政条规的形式,以政府的力量来推行,由政府认定和授权机构来实施,在全国范围内通用的,对劳动者的从业资格进行认定的国家证书。它是表明劳动者具有从事某一职业所必须具备的学识和技能的证明,是对劳动者具有和达到某一职业所要求的知识和技能标准,通过职业技能鉴定的凭证,是职业标准在社会劳动者身上的体现和定位。

汽车服务领域相关的国家职业资格证书有:二手车鉴定评估师职业资格证书、汽车估损师职业资格证书、汽车运用工程师职业资格证书、汽车4S店经营管理师职业资格证书。目前比较热门的是二手车评估师职业资格证书和汽车估损师职业资格证书。这两个领域已经或即将要求持证上岗,也属于新兴领域。

1.4.2 汽车服务工程的专项职业技能证书

按照以职业活动为导向,以职业能力为核心,以实用操作技能为主要考核内容的原则,对掌握的职业技能还比较单一、短期内难以取得国家职业资格证书的劳动者,根据国家颁布的考核规范,进行专项职业能力认证,发放专项职业能力证书。每一个专项职业能力是一个可就业的最小技能单位,具有一定的技术含量,不可再拆分,不划分等级。专项职业能力证书是劳动者熟练掌握并应用某项实用职业技能的证明,表明证书持有人具备了从事某职业岗位所必需的基础工作能力,全国通用,有效期五年。

汽车服务领域相关的专项职业技能证书有:汽车维修专项职业技能证书、汽车综合检测与诊断专项职业技能证书、汽车音响改装专项职业技能证书、汽车美容专项职业技能证书等。

习 题

1. 什么是广义的汽车服务？什么是狭义的汽车服务？两者有何区别？
2. 汽车服务工程是如何分类的？
3. 汽车服务工程的基本内容有哪些？
4. 简述国内外汽车服务业的现状。
5. 简述我国汽车服务业的发展趋势。
6. 什么是国家职业资格证书？什么是国家专项职业能力证书？两者有何区别？

第 2 章 汽车营销服务

2.1 汽车营销的概述

2.1.1 汽车营销的定义

汽车营销是指汽车相关企业或个人通过调查和预测顾客需求,把满足其需求的商品流和服务流从制造商引向顾客,从而实现其目标的过程。其具体含义如下:

(1) 汽车营销始于顾客的需要。汽车营销首先通过调查和预测顾客的需要,然后针对顾客的需要,决定采用何种产品和服务,来解决顾客需求。

(2) 汽车营销的目的在于通过销售和服务与目标顾客建立关系。一次交易只是构建与顾客长久交易的一部分,企业或个人通过售前、售中、售后服务为顾客提供满意的服务,在完成销售的同时,建立较持久的顾客关系,提高顾客忠诚度。

(3) 汽车产品包括实质产品和服务产品两部分,服务伴随着产品的始终。

2.1.2 汽车营销服务的主要工作内容

根据汽车营销运作过程的不同,可以将汽车营销服务的主要工作内容分为以下五个方面。

(1) 汽车市场调查。介绍进行市场调查的方法、程序和如何撰写市场调查报告,进行市场预测。

(2) 汽车市场分析。主要从环境、顾客、竞争者、产品、产品定位、品牌和价格的角度对市场展开分析,提高营销人员的市场分析能力。

(3) 汽车销售技巧。从汽车制造商出发到实现销售进而到顾客满意的全过程中,研究营销人员的行为表现,提高营销人员的销售技能。

(4) 顾客服务。现代汽车市场的竞争逐步演变为服务的竞争,主要对汽车售前、售中、售后各环节如何开展服务进行分析,提高服务质量。

(5) 汽车营销策划。介绍汽车企业营销策划、实施、控制的全过程。

2.1.3 汽车营销观念的演变

汽车营销观念是汽车企业领导人对于汽车市场的根本态度和看法,是一切汽车经营活动的出发点。汽车营销观念的核心问题是,以什么为中心来开展汽车企业的生产经营活动。所以,汽车营销观念的正确与否,对汽车企业的兴衰具有决定性作用。美国著名管理学家杜拉克说过,产品销售的最终效果是企业管理水平的综合反映,它必须由顾客来进行评判,顾客的观点是衡量产品销售是否成功的唯一标准。世界汽车营销观念是随着汽车市场的形成而产生,并遵循上述著名论点而逐步演变的。它的发展大致经历了以下五个阶段。

1. "生产观念"阶段

"生产观念"从工业革命至1920年间主导了西方企业的经营策略思想。在这段时间内,西方经济处于一种卖方市场的状态,市场产品供不应求,可选择品种甚少,只要价位合理,消费者就会购买。市场营销的重心在于大量生产,解决供不应求的问题,消费者的需求与欲望并不受重视。目前许多第三世界国家仍处在这一阶段。

"生产观念"虽然是卖方市场的产物,但它却时常成为某些公司的策略选择。例如,一个公司以"生产观念"作为指导,可以大力推行批量性的标准化生产,以提高生产效率,降低生产成本,最后达到以低价为竞争手段的市场扩张的策略目的。不过以"生产观念"为指导的企业只有在市场上的产品质量基本相等的情况下才有一定的竞争力,一旦供不应求的市场状况得到缓和,消费者对产品质量产生了不同层次的要求,企业就必须运用新的观念来指导自己的竞争。

2. "产品观念"阶段

在"生产观念"阶段的末期,供不应求的市场现象在西方社会得到了缓和,"产品观念"应运而生。"产品观念"认为,在市场产品有选择的情况下,消费者会欢迎质量最优、性能最好和特点最多的产品。因此,企业应该致力于制造质量优良的产品,并经常不断地加以改造提高。但事实上,这种观念与"生产观念"一样,无视消费者的需求和欲望。所谓优质产品往往是一群工程师在实验室里设计出来的,这些产品上市之前从来没有征求过消费者的意见。

"产品观念"在市场营销上至少有两个缺陷:第一,工程师们在设计产品时并不知道消费者对其产品的价值衡量标准,结果生产出来的产品很可能低于或不符合消费者的预期价值,从而造成滞销;第二,一味追求高质量往往会导致产品质量和功能的过剩,高质量多功能往往附带着高成本,而消费者的购买力并不是无限的,如果产品质量过高,客户就会拒绝承担为这些额外的高质量所增加的成本,从而转向购买其他企业的产品。

3. "销售观念"阶段

自20世纪30年代以来,由于科学技术的进步,加之科学管理和在"生产观念"驱动下产生的大规模生产,产品产量迅速增加,产品质量不断提高,买方市场开始在西方国家逐渐形成。在激烈的市场竞争中,许多企业的管理思想开始从"生产观念"或"产品观念"转移到了"销售观念"。"销售观念"认为,要想在竞争中取胜,就必须卖掉自己生产的每一个产品;要想卖掉自己的产品,就必须引起消费者购买自己产品的兴趣和欲望;要想引起这种兴趣和欲望,公司就必须进行大量的推销活动。他们认为,企业产品的销售量总是和企业所做的促销努力成正比的。

"销售观念"虽然强调了产品的销售环节,但仍然没有逾越"以产定销"的界限。消费者的需求和欲望仍然没有成为产品设计和生产过程的基础。事实上,销售只是市场营销策略中的一小部分。一个企业要想达到预定的销售目标,还需要营销策略的其他部分充分配合。我国目前仍有许多企业,特别是国有企业,将销售与市场营销混为一谈,只有供销部门,而没有市场营销部门。也就是说,这些企业的经营观念基本上还停留在西方社会20世纪40年代的水平。

4. "市场营销观念"阶段

"市场营销观念"产生于20世纪50年代中期。第二次世界大战以后,欧美各国的军工业很快地转向民用工业,工业品和消费品生产的总量剧增,造成了生产相对过剩,随之导致了市场的激烈竞争。在这一竞争过程中,许多企业开始认识到传统的销售观念已不再适应市场的发展,他们开始注意消费者的需求和欲望,并研究其购买行为。这一观念上的转变是市场营销学理论上一次重大的变革,企业开始从以生产者为重心转向以消费者为重心,从此结束了以产定销的局面。

5. "社会营销观念"阶段

在"市场营销观念"被西方工商界广泛接受以后,最近十余年来,人们开始对"市场营销观念"持怀疑态度。人们对"市场营销观念"的主要批评在于:尽管一个公司的最大利益的获取是建立在极大地满足顾客的基础上,该公司很可能在满足自己的顾客和追求自己最大利益的同时损害他人以及社会的利益。

"社会营销观念"的决策主要有四个组成部分:用户需求、用户利益、企业利益和社会利益。现代市场营销活动不仅涉及商业活动,也涉及非商业活动;不仅涉及个人,也涉及团体;不仅涉及实物产品,也涉及无形产品及思想观念。现代社会中,营销思想被广泛运用,一些传统上与商业无关的单位,如教堂、医院、学校等由于外部环境的变化,要获得生存必须要争取更多的信徒、病人和学生等。而社会营销恰恰为其在这方面提供了观念上和方法论上的有力支撑。

2.1.4 汽车营销人员的基本要求

1. 品德素质要求

(1) 积极向上的心态

积极向上的心态是汽车营销人员最基本的素质。汽车营销是一个高度竞争的行业,充满了挑战,在这里心态起了决定性的作用。我们有时不能选择自己喜欢的职业,但可以选择我们对职业的态度。我们不能只享受快乐的好处,烦恼和痛苦也是生活的宝贵财富,关键是以何种心态去面对。

(2) 谦卑的态度

谦卑的态度是汽车营销的基石。汽车营销是不断面对新问题、新面孔的行业,汽车行业的快速发展,使得从业人员必须注意知识更新。保持一个谦卑的心态容易得到大家的认可,更有利于交流与学习,赢得发展的空间。

(3) 坚持不懈的决心

坚持不懈的决心是汽车营销工作的行动保证。销售始于拒绝,在销售过程中,如果遇到拒绝就放弃,会失去很多的机会。顾客提出疑问,说明在销售过程中与顾客之间的沟通出现问题,应该分析顾客拒绝的原因,针对其产生的问题进行调整,才会取得良好的成绩。

(4) 学会不断总结

总结与分析的方法是营销的习惯保证。有好的心态并不代表成功,在汽车营销活动过程中,每天都会面临各种各样的新情况、新问题,如果没有正确的处理问题的方法,就会事倍而功半。

(5) 合作的态度

合作的态度是汽车营销的组织保证。我们处在一个竞争激烈的社会中,仅凭个人的能力,已经无法处理各种各样的复杂问题,因此要有合作的态度,形成合力。

2. 外在形象要求

销售工作主要是与人打交道,在销售过程中,营销人员与汽车产品同等重要。顾客在选择汽车时,往往受到营销人员外在形象、言谈举止等多方面的影响。相当一部分顾客决定购买是出于对营销人员的喜欢、信任和尊重。因此,营销人员首先应该学会"推销"自己,让顾客能够接纳营销人员,愿意与营销人员接触,喜欢听营销人员对汽车的介绍和讲解,在与顾客接触的过程中为销售汽车创造机会。良好的外在形象和表现可以给顾客留下较好的第一印象,为此营销人员要特别注意自己的服饰、言谈举止和礼节。

(1) 仪容美

仪容,通常是指人的外观、容貌。在人际交往中,每个人的仪容都会引起交往对象的特别关注,并将影响到对方对自己的整体评价。可以说在个人的仪表上,仪容是重中之重。汽车营销人员注重个人仪容是员工自尊自爱的表现,也是一项基本素质,它不仅反映了企业的管理水平和服务质量,也是对客户的尊重。

(2) 仪态美

仪态是指人在行为中的姿势和风度,姿势是指身体呈现的样子,风度是气质方面的表露。仪态是一种不说话的"语言",能在很大程度上反映一个人的素质、修养及其被别人信任的程度。因此,汽车营销人员必须在训练中达到提高个人仪态与风度的目的,尤其注意自己的站姿、坐姿、走姿、手势等仪态。

(3) 仪表美

仪表是指人的外表,服饰对人的仪表起到修饰作用。从某种意义上说,服饰是一门艺术,它所能传达的情感与意蕴甚至难以在各种正式场合用语言所表达。汽车营销人员得体的着装通常体现着自身的仪表美,同时也有助于增加交际魅力,使人愿意与其深入交往,也是事业成功者的基本素养。

(4) 良好的谈吐修养

汽车营销人员的谈吐修养很重要,说话就像经营企业一般,时时刻刻都必须积极地经营自己的形象,最重要的莫过于把话说好,说话是智慧的积累,是决定汽车营销人员事业成功与否的关键。

3. 汽车专业知识要求

为了更好地向顾客推荐汽车产品,一个优秀的汽车营销人员要具有宽广的专业基础,能基本掌握并向顾客介绍所售汽车产品的内部配置和各项性能指标。

4. 销售能力要求

销售能力不可能通过遗传获得,而是经过后天训练出来的。一名专业的营销人员应具备以下能力。

(1) 善于观察市场

当前的汽车市场不断推陈出新,竞争日趋激烈,"行商"的时代已经到来,如果坐等顾客上门,必然失去很多销售机会。因此汽车营销人员首先要具备较强的观察能力,从各种信息中敏锐地发现销售机会,并进行合理有序的开发;其次,要注意观察汽车在各个行业的应用方式,以便更好地与顾客交流;还要随时了解汽车行业的各种信息与动态,如价格、资源、车型等,以便更好地把握销售机会。

(2) 确立顾客利益

现代市场营销倡导以顾客为中心的销售,要求我们注意重视顾客的利益。许多产品都有不同于竞争对手的独特卖点,如何强化这些卖点与顾客利益之间的关系,让顾客产生深刻的印象,是营销活动的关键。因此,首先需要确认你所理解的顾客对汽车的需求,然后有针对性地介绍汽车的各个方面。汽车营销人员确保顾客购买的汽车可以为顾客带来他所需要的利益是一种销售技能,也是获得顾客信任的一个有效的方法。从获得顾客好感入手,逐步建立顾客的信任,直到建立一种可靠的关系才是营销的终极目标。

(3) 树立顾问形象

营销人员不仅要对顾客的行业有所关注,而且还要理解顾客的利益,从为顾客提供建议的角度来介绍汽车。因此,营销人员需要全方位了解产品知识,然后针对顾客的需求提出客观的解决办法,从而树立顾问形象。

(4) 掌握营销沟通技能

沟通的目的在于有效地传递汽车产品知识。专业的营销沟通要注意以下几个问题。

① 良好的表达,能够准确地传递产品知识。

② 学会赞美顾客。销售的目的在于为顾客解决问题,赞美比争辩更有利于获得

信任。

③ 销售的过程就是了解顾客需求的过程,倾听和发问的技巧比良好的口才更重要。

④ 要学会让顾客讲话,在沟通过程中要掌握两个原则,一是要真诚,二是要有事实依据,不能在赞扬顾客的时候言之无据。

(5) 建立良好的顾客关系

以顾客为中心的营销要求营销人员由管理产品转变为管理顾客。这主要从以下几个方面入手。

① 要会建立顾客档案。企业的市场是忠诚顾客群,老顾客比新顾客更重要,通过建立顾客档案,为有效地维持长久的顾客关系,进行优质的服务提供条件。

② 要会利用顾客资源,发现潜在顾客,包括朋友、亲属、顾客、同学等,通过好的人脉,建立销售网络。

③ 要经常有序地与顾客进行沟通,从而维持长久且有效的顾客关系。

2.2 汽车市场营销调研

2.2.1 市场营销调研的意义和作用

市场营销调研是伴随着市场的产生而出现的一种正确认识市场的管理活动。它是运用科学的方法,有计划、有目的、有系统地收集、整理、研究分析有关生产营销方面的信息,并提出调研报告,总结有关结论,提出挑战与机遇,以便帮助管理人员了解营销环境,发现问题与机会,并为生产预测与营销决策提供依据。市场营销调研是汽车企业营销活动的出发点,其作用如下:

(1) 有利于制定科学的营销规划。社会上各种因素是在不断发展和变化的,如果对市场变化不进行实时了解,就会出现决策的失误,从而造成不必要的损失。

(2) 有利于制定科学的影响规划。通过营销调研,分析市场、了解市场,才能够根据市场的需求及其变化、市场规模和竞争格局、消费者意见及购买行为、营销环境的基本特征科学地制定和调整企业营销规划。

(3) 有利于优化营销组合。企业根据营销调研的结果,分析研究产品的生命周期,开发新产品,制定产品生命周期各阶段的营销组合策略。综合应用各种营销手段,尽量减少不必要的中间环节,提高竞争力。

(4) 有利于开拓新市场。通过市场调研,企业可发现消费者尚未满足的需求,评估市场上现有的产品及营销策略满足消费的程度,从而不断开拓新的市场。

2.2.2 汽车市场营销调研的种类

1. 根据购买主体划分

（1）消费者市场营销调研；

（2）生产者市场营销调研。

这两个市场是相互联系的，它们之间最基本的关系，就是生产者市场的购销活动要以消费者市场为基础。因而，即使产品不与最终消费者发生直接关系，也要对消费者市场进行市场调研。

2. 根据汽车市场调研内容划分

（1）汽车市场营销环境调研，如调查政策法规、竞争状况等；

（2）营销组合策略调研，如调查价格走势、产品开发与技术发展趋势、产品与售后服务质量状况等；

（3）竞争对手调研；

（4）用户购车心理与购买行为调研。

3. 根据汽车市场调研的地域空间层次的不同划分

（1）国际性市场调研；

（2）全国性市场调研；

（3）地区性市场调研。

各个不同地区对汽车型号、价格的要求将有很大的区别。

4. 根据汽车产品是否已经进入市场划分

（1）产品进入市场前调研，主要调研目标市场、产品定位、竞争对手、市场结构等；

（2）产品进入市场后调研，主要调研市场规模、市场占有率、营销策略等。

5. 根据市场调研的目的划分

（1）探测性市场调查，是使经营中存在的问题能够明确；

（2）描述性市场调查，是对有关市场现象、市场因素的如实反映；

（3）因果性市场调查，是研究两个或多个市场变量之间的因果关系。

汽车产品进入市场前调研主要应弄明白目标市场是什么、如何进行产品定位、主要竞争者是谁，他们的营销策略怎样、市场结构与购买特点如何、有哪些有利和不利因素以及生产发展趋势等问题。而汽车产品进入市场后的营销调研则应着重对本企业产品的市场规模、市场结构、市场占有率、与竞争对手相比在营销策略上存在的差距以及营销环境的新变化做出调研。

2.2.3 汽车市场营销调研的方法

市场营销调研的方法可以分为直接资料调研方法和间接资料调研方法。

直接资料调研又称为实地调查,也称为第一手资料,营销决策所需的重要资料多数通过实地调查所得。直接资料调研方法主要可以分为访问法(询问法)、观察法和实验法。其中最常见的是访问法,它包括直接询问和间接询问。

访问法是收集原始资料的最重要的方法,具体形式可分为面谈、电话访问、邮寄问卷、留置调查等多种形式。各种形式各有优缺点,调查者可根据具体情况选择使用。一般来说,面谈直接灵活,资料可信度和回收效率高,但费用高,时间长,一般来说适用于内容多而复杂的调研,而且对调研者的要求较高;电话访问可以节约时间,但被调查者的母体不完整,调研结果的差别程度也不清楚,因而一般电话访问中的问题应采用"是否法"为宜,而且要求调研人员的语言要流畅;邮寄问卷成本低、调研范围广,但缺点在于问卷的回收率低,所以企业往往采用抽奖等形式来刺激回收率;留置调查即问卷定期回收的调研方法,优点在于被调查者可以有充分的时间来考虑问题,且问卷的回收率高,但它调研的区域有限,费用较高,且不利于对调查人员的有效监督。

间接资料调研方法又称为文案调查,是市场调查执行人员充分了解企业进行市场调查目的之后,收集企业内部既有档案资料及企业外部各种相关资料,加以整理融合,以归纳或演绎等方法予以分析,进而提供相关市场调查报告及市场行销建议。它的优点是调研费用低、速度快,调研的范围广、受干扰程度低,而且不受时间、空间的限制,其反映的信息内容较为客观真实。但它也有明显的缺点,如调研的目的性没有直接资料调研强,获得的资料也可能时效性不强,需要进行进一步的加工处理,其数量分析工作的难度也较高等。

文案调查的资料按其来源渠道可以分为内部资料和外部资料。内部资料是指企业各部门所记录的各类资料。外部资料是指通过各种渠道所收集的外部企业资料。搜集整理资料的工作流程:阅读→做记号→剪贴→分类及装订(或建档)。

(1) 内部资料。企业内部资料的获取关键在于日常的积累。内部资料主要包括以会计统计为主的报告系统资料、内部信息系统档案资料等。报告系统资料主要包括业务报表、时务分析、财务报表等。内部信息系统档案资料,包括会议记录、回访记录、电话记录、合同、计划书、人事档案等。

(2) 外部资料。外部资料的来源途径很多,主要可以通过因特网、政府机构、相关的报纸杂志、行业协会等渠道获得。

2.2.4 汽车市场营销调研的程序

汽车市场营销调研一般可分为3个阶段,12个步骤,如图2-1所示。

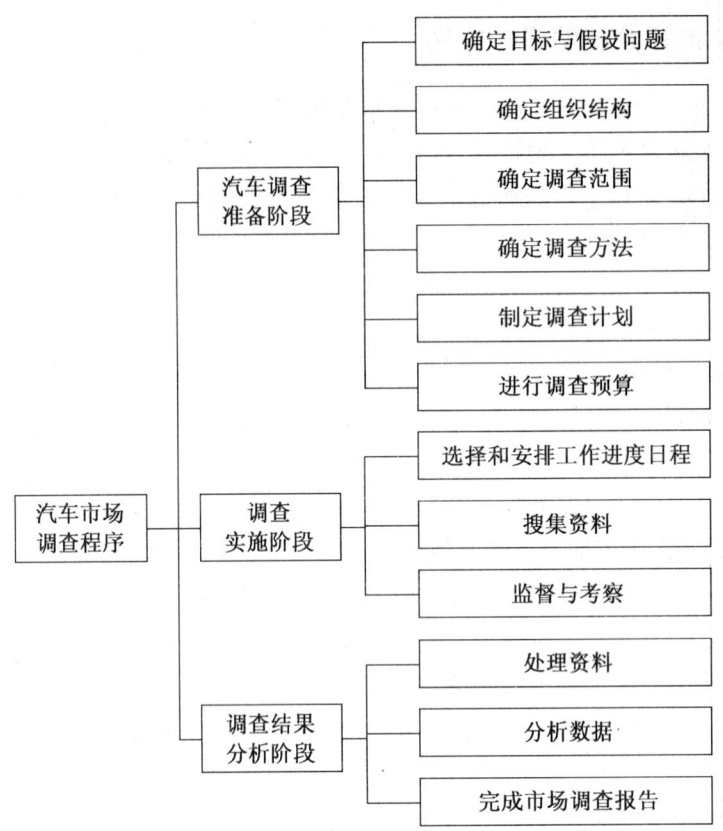

图 2-1 汽车市场营销调研的程序

2.3 汽车市场营销环境分析

  汽车的市场营销活动是在不断发展、变化的环境下进行的,它既对汽车市场产生影响又对汽车营销造成制约。这来自市场影响和营销制约的两种力量,就是汽车市场营销环境。分析汽车市场营销环境的主要目的,一是要发现汽车市场环境中汽车营销的主要因素及其变化趋势;二是要研究这些因素对汽车市场的影响和对汽车营销的制约;三是要发现在这样的环境中的机会与威胁;四是要善于把握有利机会,避免可能出现的威胁,发挥汽车营销者的优势,克服其劣势,制定有效的汽车营销战略和策略,实现汽车市场营销目标。

2.3.1 汽车市场营销环境的概念及意义

  汽车营销环境是汽车营销活动的约束条件,是与汽车营销活动相关的、影响企业活动和营销目标实现的各种因素和条件,包括宏观环境和微观环境。宏观环境是外在的、不可控的环境因素。微观环境是内在的或与汽车企业紧密联系,直接影响企业营销能力的各种因素。

汽车市场营销环境的意义在于：
(1) 汽车营销市场环境分析是汽车市场营销活动的立足点；
(2) 汽车市场营销环境分析使汽车企业发现经营机会，避免环境威胁；
(3) 汽车市场营销环境分析使汽车企业经营决策具有科学依据。

2.3.2 汽车市场营销环境的特点

汽车市场营销环境主要包括宏观环境和微观环境两方面：宏观环境通常指汽车企业面临的人口环境、经济环境、自然环境、政治法律环境、技术文化环境；微观环境通常指汽车企业本身、竞争者、供应商、经销商、顾客等。在当代汽车工业发展过程中，宏观环境和微观环境的变化对其影响越来越重要。汽车市场营销环境具有客观性、差异性、相关性、动态性等特点。

2.3.3 汽车市场营销的宏观环境分析

汽车市场营销的宏观环境是汽车企业不可控制的因素，企业可以通过调整经营策略和控制内部管理来适应宏观环境的变化。

1. 人口环境

人口环境变化对所有汽车企业的市场营销都有重要影响，其主要包括人口数量和人口结构。人口数量也就是消费数量，反映了市场容量与市场潜力；人口结构涉及年龄、性别、职业、密度、种族、文化程度、地位、经济收入等方面，影响着消费选择与消费结构。

2. 经济环境

经济环境可以从世界性的、国家性的、产业性的、个人性的指标来考察。除这些指标外，通货膨胀、就业水平、汇率变动等因素也是汽车市场营销环境分析常要关注的经济因素。

3. 政治法律环境

汽车营销的政治法律环境包括政治政策和法律法规等方面。经济政策主要包括与汽车营销有关的国家财政政策、货币政策、价格政策、劳动工资政策与对外贸易和国际收支政策。法律法规主要指国家主管部门及地方政府颁布的与汽车市场营销有关的各项法规、法令、条例等。

4. 科技环境

科技环境是影响汽车市场营销的科学与技术因素，科学技术的发展必然会给汽车性能、汽车材料、汽车生产、汽车销售等方面带来变化，科技环境对汽车市场营销的影响主要包括三个方面。第一，科技进步促进汽车生产或销售企业综合实力的增强，国民购买能力的提高会给企业带来更多的营销机会；第二，科技进步可以改善汽车产品的性能，降低成本,提高市场竞争力;第三,科技进步引发市场营销手段和营销方式的变革,极大提高了汽车企业的市场营销能力。

5. 社会文化环境

汽车市场营销的社会文化环境主要包括了人们的价值观、宗教信仰、消费习惯、审美观念等与汽车消费有关的文化环境。如今我国汽车消费者选购车型的意向,从以往的价格便宜开始转向质量、品牌、售后服务,这些消费价值观的变化,向汽车市场营销提出了更高的要求。

6. 自然环境

自然环境是汽车市场营销所面临的自然因素,包括地理因素、资源因素、交通状况、生态环境等。汽车生产和消费依赖自然环境,同时也影响着自然环境。汽车对自然环境有着很高的依赖性。只有适应当地自然环境的汽车才会受到消费者的欢迎。为了使汽车更好地适应目标市场的自然环境,汽车生产厂家不但要针对自然环境进行设计,还要针对驾驶环境进行测试。

2.3.4 汽车市场营销微观环境分析

汽车企业不仅要注重汽车市场营销宏观环境的变化,而且要了解汽车市场营销活动所有的微观环境因素,这些因素影响汽车市场营销目标的实现。因此,一个汽车企业能否成功地开展市场营销活动,不仅取决于能否适应宏观环境的变化,而且还取决于能否适应微观环境的变化。

1. 企业内部环境

汽车市场营销微观环境的第一个重要因素是汽车制造企业内部的环境力量。汽车制造企业的市场营销不是孤立的,它面临着其他许多职能部门,这些部门、各管理层之间的分工是否科学、协作是否和谐、精神是否振奋、目标是否一致、配合是否默契,都会影响营销管理的决策和营销方案的实施。

2. 生产供应商

汽车市场营销微观环境的第二个因素是汽车生产所需要资源的供应商,他们与汽车制造商达成协作关系。供应商所提供资源的价格、质量和供应量,直接影响着汽车产品的价格、质量、销量和利润。因此,汽车企业会从多方面获得供应,而不会依赖于单一的供应商。

3. 营销中间商

汽车市场营销微观环境中的第三个因素是将汽车销售给最终消费者的机构,即营销中间商。大多数汽车营销活动都需要营销中间商的努力,因此,在营销过程中必须处理好这些汽车营销中介机构之间的合作关系。

4. 顾客（消费者）

汽车市场营销微观环境中的第四个因素是消费者，这是汽车产品的最终消费对象。任何一个汽车企业都不能忽视对它的目标市场的研究。目标市场上消费者不同的需求，要求汽车制造商和经销商提供消费者所需的产品和服务，从而制约着汽车企业的营销策略和服务能力。

5. 竞争者

汽车市场营销微观环境中的第五个因素是竞争者。从汽车消费需求的角度划分，企业的竞争者包括愿望竞争者、平行竞争者、产品形式竞争者和品牌竞争者。在汽车行业的竞争中，卖方密度、产品差异、市场进入难度是三个特别需要重视的方面。

6. 有关公众

汽车市场营销微观环境中的第六个因素，是指所有实际或潜在关注汽车市场营销能力的公众。这样的公众可以是金融领域、营销服务公司、政府、公益组织、媒介机构、当地公众、内部公众等。许多大的汽车公司都有自己的"公共关系"部门，专门负责处理企业与这些公众的关系。

2.4 汽车市场预测

2.4.1 市场预测的概念及作用

所谓市场预测就是在市场调研基础上，利用预测理论、方法和手段，对未来一定时期内决策者关心的市场需求、供给趋势和营销的影响因素的变化趋势和可能水平做出判断，为营销决策提供依据的科学化服务过程。它具有服务性、描述性和系统性的特点。

市场营销预测的作用可归结为以下几点：

(1) 市场营销预测有利于企业制订经营计划；
(2) 市场营销预测有利于提高企业的经营决策水平；
(3) 市场营销预测有利于提高企业的竞争力；
(4) 市场营销预测有利于企业更好地适应市场变化。

2.4.2 市场预测的方法

1. 市场营销预测的概念

科学的营销决策，不仅要以营销调查为基础，而且要以市场预测为依据。市场预测大致包括市场需求预测、市场供给预测、产品价格预测、竞争形势预测等。对企业而言，最主要的是市场需求预测。

迄今为止,预测理论产生了很多预测方法。归纳起来,预测方法大体可分为两大类:一类是定性预测方法,另一类是定量预测方法。人们在实际预测活动中,往往结合运用两种方法,即定量预测必须接受定性分析的指导。

2. 定性预测方法

定性预测方法有很多种,其中最常用的是德尔菲法,该种方法是在20世纪40年代,由美国兰德公司首创并使用的。至今,这种方法已经成为国内外广为应用的预测方法。它可以用于技术预测和经济预测、短期预测和长期预测,尤其对于缺乏统计数据的领域、需要对很多相关因素的影响做出判断的领域以及事物的发展在很大程度上受政策影响的领域,都是非常适合的。

定性预测方法还有集合意见法。集合意见法就是集合企业内部经营管理人员、业务人员等的意见,凭他们的经验和判断共同讨论市场趋势而进行市场预测的方法。由于经营管理人员、业务人员等对市场的需求和变化较为熟悉,他们的判断往往能反映市场的真实趋势。

除此之外,定性预测方法还有社会(用户)调查法(即面向社会公众或用户展开)、小组讨论法(会议座谈形式)、单独预测集中法(由预测专家独立提出预测看法,再由预测人员予以综合)、领先指标法(利用与预测对象关系甚密的某一个指标变化对预测对象进行预测)、主观概率法(预测人员对预测对象未来变化的各种情况进行主观概率估计)等。

总之,随着社会经济及科学技术的发展,预测方法也在不断地发展和完善。汽车市场营销预测人员应不断加强理论学习,并通过预测实践总结出些实用方法。

3. 定量预测方法

定量预测方法是依据必要的统计资料,借用数学方法特别是数理统计方法,通过建立数学模型,对预测对象未来在数量上的表现进行预测的方法的总称。汽车市场定量预测方法有以下几种。

(1) 时间序列法。时间序列法是指把已经掌握的资料,按照时间先后顺序排列成数列,并运用一定的数学模型推算出事情未来变化情况的一种方法。时间预测模型有多种,这里只介绍常用的简易平均法和指数平滑法两种。

① 简易平均法。简易平均法是通过一定观察期时间序列的数据求得平均数,以平均数为基础确定预测的方法。这是市场营销预测中最简单的定量预测方法。简易平均法有很多种,最常用的有算术平均法、几何平均法和加权平均法。

算术平均法即根据对 n 个观察值计算平均值来作为预测值。算数平均法的数学模型为

$$\bar{X} = \sum_{i=1}^{n} X_i \tag{2-1}$$

加权平均法是在预测中根据每个预测值的重要性给予不同的权数。加权平均法的数

学模型为

$$X_W = \frac{\sum_{i=1}^{n} W_i X_i}{\sum_{i=1}^{n} W_i} \qquad (2-2)$$

几何平均法又称比例平均法，其前提条件是预测对象的发展过程一贯是上升或是下降，同时促其上升或下降的速度大体相近。几何平均法的数学模型为

$$G = \sqrt[n]{X_1 X_2 \cdots X_n} \qquad (2-3)$$

② 指数平滑法。指数平滑法的原理是认为最新的观察值包含了最多的未来信息，因而应赋予最大的权重，越远离现在的观察值则应赋予越小的权重。通过这种加权的方式，平滑掉观察值序列中随机信息，找出发展的主要趋势。指数平滑法的数学模型为

$$S_t = \alpha y_t + (1+\alpha) S_{t-1} \qquad (2-4)$$

式中：S_t 是第 t 期的平均值；y_t 是第 t 期的观察值；α 是加权系数（通常取 0.1～0.3）。

（2）因果分析法。因果分析法是利用事情发展变化各因素之间的因果关系进行预测的方法，包括回归分析法和交叉影响分析法等。

根据预测模型函数关系的不同，回归分析法可分为一元线性回归、多元线性回归、非线性回归和多元非线性回归四种。这里只介绍一元线性回归。

一元线性回归预测是假定某种市场对象只受一种因素的影响（即解释变量只有一个）而且随着这种因素的变化呈直线（或线性）变化关系。一元线性回归预测的标准形式为

$$Y = a + bX \qquad (2-5)$$

式中：Y 为被解释变量；a、b 为回归系数；X 为解释变量。

运用最小二乘法，可求得回归系数 a、b 的计算式为

$$a = \frac{\sum y_i - \sum x_i}{n} \qquad (2-6)$$

$$b = \frac{n \sum x_i y_i - \sum x_i \sum y_i}{n \sum x_i^2 - (\sum x_i)^2} \qquad (2-7)$$

式中：x_i, y_i 为已知的实际值（$i=1,2,\cdots,n$），n 为期数。

回归系数 a、b 求出之后，代入式（2-5）可进行预测计算。

4. 组合预测与组合处理

当采用定量预测时，同一预测对象的预测，人们既可以采用多种预测模型，也可以对同一模型采用不同的自变量（如工农业产值、投资额或财政支出等）。像这样对同一预测对象采用多种途径进行预测的方法，叫作组合预测方法。它是现代预测科学理论的重要组成部分，其思想就是任何一种预测方法都只能部分地反映预测对象未来发展的变化规律，只有采用多种途径进行预测，才能改善预测结果的可信度，获得显著效果，因此，现代

预测实践大多采用组合预测方法。但采用组合预测方法，随之而来的问题是如何处理组合预测带来的多个预测结果，组合预测方法在理论上针对这一实际问题提出了解决方法，这一方法即组合处理。组合处理就是通过一定的方法，对多个预测结果进行综合，使最终预测结论收敛于一个较窄的区间内，即得到一个较窄的预测值取值范围，并将其作为最终的预测结论。组合处理的具体方法有以下几种。

(1) 权重合成法

该方法就是对各种预测值(中间预测值)分别赋予一定的权重，最终预测值即各中间预测值与相应权重系数乘积的累计，可用下式表述：

$$y = \sum_{i=1}^{n} y_i a_i \qquad (2-8)$$

式中：y 为最终预测值；a_i 为第 i 个中间预测值被赋予的权重系数；y_i 为第 i 个中间预测值；n 为中间预测值的数目。

至于上述各权重系数目的确定，既可以由预测人员根据自己的知识与经验直接分配，也可通过下述方法求解：

① 平均值法。即将各中间值给予同样的权重 $(1/n)$。

② 标准差法。即第 i 个中间值被赋予的权重为

$$a_i = (S - S_t)/S \times [1/(n-1)] \qquad (2-9)$$

式中：$S = \sum S_i$，S_i 即第 i 个模型的标准差。

这种分配权重的思想体现了以模型的拟合度作为取舍依据的思想，即拟合度好的模型所预测的结果被赋予更大的权重。

③ 二项式系数法。即将多个预测值从小到大按增序排列起来，各个中间预测值的权重按下式计算。

$$a_i = C_n^i / Z_n \qquad (2-10)$$

式中：C_n^i 为二项式展开系数，$i = 1, 2, \cdots, n$。

$$Z_n = \sum C_n^i \qquad (2-11)$$

这种分配权重的思想认为最终预测结果应靠近于中位的中间预测值。

(2) 区域合成法。此法是取各个预测模型预测值的置信区间之交集为最终结果，可用下式表示。

$$y = \sum_{i=1}^{n} (y_i + \Delta y_i) \qquad (2-12)$$

式中：Δy_i 为第 i 个模型的预测值在 a_i 处的置信区间。

组合处理可以去除一部分随机因素对预测结果的影响。实践表明，它对改善预测结果具有显著效果。

2.5 汽车营销策略

2.5.1 汽车产品整体概念

人们对汽车产品的理解,传统上常常仅指汽车的实物产品,其实这只是狭义的理解。汽车市场营销学对于汽车产品的概念要广阔得多,它是指向汽车市场提供的能满足汽车消费者某种欲望和需要的任何事物,包括汽车实物、汽车服务、汽车保险、汽车品牌等各种形式。简而言之,人们需要的汽车产品=需要的汽车实物+需要的汽车服务。结果是广义的汽车产品概念引申出汽车产品整体概念。这种概念把汽车产品理解为由五个层次所组成的一个整体。

第一层是汽车核心产品层,它又称为汽车实质产品层,是指向汽车消费者提供的基本效用或利益。第二层是汽车形式产品层,它又称为汽车基础产品层,是指汽车核心产品借以实现的基本形式。第三层是汽车期望产品层,它是指汽车消费者在购买该汽车产品时期望能得到的东西。期望产品实际是指一系列属性和条件。第四层是汽车延伸产品层,它又称为汽车附加产品层,是指汽车消费者购买汽车形式产品和汽车期望产品时所能得到的汽车附加服务和利益。第五层是汽车潜在产品层,它是指包括现有汽车产品的所有延伸和演进部分在内,最终可能发展成为未来汽车产品的潜在状态的汽车产品。

2.5.2 形式产品策略

实质产品要通过一定的产品形式去体现,譬如产品质量、特色特征品牌商标,甚至外观包装等。

1. 产品质量策略

产品质量是产品的生命,是竞争力的源泉。优良的质量对企业赢得信誉、树立形象、满足需要、占领市场和增加收益,都具有决定性意义。

全面质量概念在企业经营活动中主要体现在以下几个方面。

(1) 产品质量,指产品在顾客实际使用过程中成功地满足其需求的能力;

(2) 工序质量,指工序能成功地制造出符合设计质量标准和工艺要求的能力;

(3) 工作质量,指企业经营各环节的工作对确保经营方针和目标如期实现的能力;

(4) 人的质量,指企业中各类人员在生产经营过程中能成功地满足工作质量要求的能力。

2. 产品特色与外形设计策略

产品特色是指产品功能之外的附加利益,它是与竞争者产品相区别的有效方法,也是市场竞争的有效武器。企业可根据目标用户的需要来设计产品的特色,有些特色还可供购买者选择。

企业的经营者一定要了解用户对各种特色的感受价值,然后再研究各种特色的成本,这样企业就可以对各种特色的利润做到心中有数,并在营销管理活动中,优先增加那些利润多的特色,从而实现企业经营效益与社会效益的统一。

3. 品牌和商标策略

品牌和商标都是用以识别不同生产经营者的不同种类、不同品质产品的商业名称及标志。但在企业的营销实践中,品牌和商标并不完全相同,商标是指受法律保护的品牌,属于品牌的一部分。品牌和商标是形成产品整体概念的重要组成部分。

4. 汽车产品的包装策略

包装是企业营销管理的有机组成部分。包装作为把运输、装卸与保管等有关物流的全过程联系在一起的手段,具有保护商品、便于存放、促进销售及传递信息的作用,尤其对于汽车配件和散件组装,包装的作用更大。

2.5.3 汽车产品组合策略

1. 汽车产品组合概念

汽车产品组合是指一个汽车企业生产和销售的所有汽车产品线和汽车产品项目的组合方式,也是全部汽车产品的结构。汽车产品组合一般由若干汽车产品线组成。所谓汽车产品线,是指密切相关的一组汽车产品,通俗地说就是车型系列。汽车产品项目是指一个车型系列中各种不同档次、质量和价格的特定品种。

2. 汽车产品组合策略

汽车产品组合策略是指汽车企业如何根据消费市场实际,合理进行的产品组合决策。常采取的策略有以下几个方面。

(1) 扩大汽车产品宽度

一个汽车企业在生产设备、技术力量所允许的范围内,既有专业性又有综合性地发展多品种。扩大汽车产品组合的宽度可以充分利用企业的人力和各项资源,使汽车企业在更大的市场领域中发挥作用,并且能分散汽车企业的投资风险。

(2) 加深汽车产品组合深度

从总体来看,每个汽车公司的汽车产品线只是该行业整个范围的一部分。加深汽车产品组合的深度,可以占领该行业同类汽车产品更多的细分市场,迎合更广泛的消费者的不同需要和爱好。

(3) 加强汽车产品组合相容度

一个汽车企业的汽车产品尽可能地能相关配套,加强汽车产品组合的相容度,可提高汽车企业在某一地区某一行业的声誉。但扩大汽车产品组合往往会分散经销商及销售人员的精力,增加管理的困难程度,边际成本加大,甚至由于新产品的质量性能等问题而影响本企业原有产品的信誉。

2.5.4 汽车产品的寿命周期及其策略

1. 汽车产品寿命周期

汽车产品寿命周期,是指从汽车产品试制成功投入市场开始,到被市场淘汰为止所经历的全部时间过程。而汽车产品的使用寿命是指汽车产品投入使用到损坏报废所经历的时间,受汽车产品的自然属性和使用频率等因素影响。一种汽车产品在研制阶段,可以说处于胚胎时期,一旦进入市场,就开始了自己的市场寿命。一般来说,汽车产品的寿命周期分为四个阶段,即导入期、成长期、成熟期和衰退期。导入期是指在市场上投入新产品,产品销售呈缓慢增长状态的阶段;成长期是指汽车产品在市场上迅速为顾客所接受,销售量迅速增长的阶段;成熟期是指汽车产品已被大多数购买者所接受,市场销售量已达饱和状态的阶段;衰退期是指汽车产品已经陈旧老化被市场淘汰的阶段。

2. 汽车产品寿命周期的市场策略

产品在不同的生命周期阶段具有不同的市场特点,需要相应指定不同的营销策略。

(1) 导入期营销策略。在这个阶段,为了建立新产品的知名度,企业需要大力促销,广泛宣传,引导和吸引潜在用户,争取打通分销渠道,并占领市场。营销策略要突出一个"准"字,即市场定位和营销组合要准确无误,符合企业和市场的客观实际。

(2) 成长期营销策略。新产品上市后如果适应市场的需求,即进入成长期。在此阶段,销量迅速增长,营销策略的重点应放在一个"好"字上,即保持良好的产品质量和服务质量,切忌因产品销售形势好而急功近利,粗制滥造,片面追求产量和利润。

(3) 成熟期营销策略。进入成熟期以后,产品的销售量增长缓慢,逐步达到最高峰,然后缓慢下降,产品的销售利润也从成长期的最高点开始下降。市场竞争非常激烈,各种品牌、各种款式的同类产品不断出现。这个阶段的营销策略应突出一个"争"字,即争取稳定的市场份额,延长产品的市场寿命。

(4) 衰退期营销策略。企业对处于衰退期的产品,如果仅采取维持策略,其代价常常是十分巨大的,不仅要损失大量利润,而且还有许多其他损失。在这个阶段,营销策略应突出一个"转"字,即有计划、有步骤地转产新产品。

2.5.5 汽车价格策略

汽车价格是汽车市场营销中的一个非常重要的因素,它在很大程度上决定着市场营销组合的其他因素。价格的变化直接影响着汽车市场对其的接受程度,影响着消费者的购买行为,影响着汽车生产企业盈利目标的实现。因此,汽车定价策略是汽车市场竞争的重要手段。汽车的定价策略既要有利于促进销售、获取利润、补偿成本,同时又要考虑汽车消费者对价格的接受能力,从而使汽车定价具有了买卖双方双向决策的特征。

汽车价格的高低,主要是由汽车中包含的价值量的大小决定的。但是,从市场营销角度来看,汽车的价格除了受价值量的影响之外,还要受以下几种因素的影响和制约。

1. 定价目标

企业为产品定价时,首先必须要有明确的目标,不同的汽车企业,其汽车产品的市场不同,因而也就需要采取不同的定价策略。企业定价目标主要有以下几种。

(1) 维持生存

如果企业产量过剩,或企业销路不畅,或企业资金面临严重不足,或企业面临激烈竞争,则需要把维持生存作为主要定价目标。此时企业宜制定较低的价格,只要其价格能弥补可变成本和一部分固定成本,企业就可以维持下去。

(2) 利润最大化

以最大利润为汽车定价目标,指的是汽车企业期望获取最大限度的销售利润。通常已成功打开销路的中小汽车企业,最常用这种目标。

(3) 市场占有率最大化

市场占有率最大化即为达到最大的市场占有率的定价目标,汽车市场占有率是汽车企业经营状况和汽车产品在汽车市场上的竞争能力的直接反映,对于汽车企业的生存和发展具有重要意义,而企业赢得最高的市场占有率之后将享有最低成本和最高的成长利润。

(4) 汽车质量最优化

这是指汽车企业要在市场上树立汽车质量领先地位的目标,而在汽车价格上做出反应。优质优价是一般的市场供求准则,研究和开发优质汽车必然要支付较高的成本,自然要求以高的汽车价格得到回报。

(5) 应付和抑制竞争

这是指汽车企业主要着眼于竞争激烈的汽车市场上以应付或避免竞争为导向的汽车定价目标。在现代市场竞争中,价格战容易使双方两败俱伤,风险较大。所以,很多企业往往会开展非价格竞争,以巩固和扩大自己的汽车市场份额。

(6) 保持良好的销售渠道

对于那些需经中间商销售汽车的汽车企业来说,保持汽车销售渠道畅通无阻,是保证汽车企业获得良好经营效果的重要条件之一。

2. 汽车产品的成本

汽车在生产与流通过程中要耗费一定数量的物化劳动和活劳动,并构成汽车的成本。成本是影响汽车价格的实体因素。汽车成本包括汽车生产成本、汽车销售成本和汽车储运成本。

3. 汽车消费者需求

汽车消费者的需求对汽车定价的影响,主要通过汽车消费者的需求能力、需求强度、需求层次反映出来。汽车定价要考虑汽车价格是否适应汽车消费者的需求能力。

4. 汽车特征

它是汽车自身构造所形成的特色。一般指汽车造型、质量、性能、服务、商标和装饰等,它能反映汽车对消费者的吸引力。

5. 竞争者行为

汽车定价是一种挑战性行为,任何一次汽车价格的制定与调整都会引起竞争者的关注,并导致竞争者采取相应的对策。

6. 汽车市场结构

根据汽车市场的竞争程度,汽车市场结构可分为四种不同的汽车市场类型。

(1) 完全竞争市场。又称自由竞争市场。在这种市场里,汽车价格只受供求关系影响,不受其他因素影响。这样的市场在现实生活中是不存在的。

(2) 完全垄断市场。又称独占市场。这是指汽车市场完全被某个品牌或某几个品牌所垄断和控制,在现实生活中也属少见。

(3) 垄断竞争市场。指既有独占倾向又有竞争成分的汽车市场。这种汽车市场比较符合现实情况。

(4) 寡头垄断市场。这是指某类汽车的绝大部分由少数几家汽车企业垄断的市场,它是介于完全垄断和垄断竞争之间的一种汽车市场形式。在现实生活中,这种形式比较普遍。

7. 货币价值

价格是价值的货币表现。汽车价格不仅取决于汽车自身价值量的大小,而且取决于货币价值量的大小。汽车价格是汽车与货币交换的比例关系。

8. 政府干预

为了维护国家与消费者的利益,维护正常的汽车市场秩序,国家制定有关法规,来约束汽车企业的定价行为。

9. 社会经济状况

一个国家或地区经济发展水平及发展速度高,人们收入水平增长快,购买力强,价格敏感性弱,有利于汽车企业较自由地为汽车定价。反之,一个国家或地区经济发展水平及发展速度低,人们收入水平增长慢,购买力弱,价格敏感性强,企业就不能自由地为汽车定价。

2.6 汽车促销策略

2.6.1 促销与促销组合策略的概念

促销,是指企业营销部门通过一定的方式,将企业的产品信息及购买途径传递给目标客户,从而激发客户的购买兴趣,强化其购买欲望,甚至创造需求,从而促进企业产品销售的一系列活动。

现代市场营销将各种促销方式归纳为四种基本类型,即广告、人员推销、营业推广和公共关系。这四种方式的运用搭配称为促销组合。促销组合策略就是如何运用这四种促销方式组合搭配的决策。

2.6.2 汽车产品的基本促销方式

不同的促销方式有着不同的效果,它是企业进行促销组合决策所必须考虑的。汽车产品常见的促销方式有以下几种。

(1) 人员推销。人员推销是指企业通过派出推销人员与潜在客户交谈,介绍和宣传产品,以扩大品牌销售的一系列活动。

(2) 广告。广告是通过报纸、杂志、广播、电视、广告牌等传播媒介向目标用户传递信息。采用广告宣传可以使广大消费者对企业的产品、商标、服务等内容加强认识,并产生好感。

(3) 营业推广。营业推广是由一系列具有短期诱导性、强刺激性的战术促销方式组成的。与人员推销和广告相比,营业推广不是连续进行的,而是种短期性、临时性的能使顾客迅速产生购买行为的促销方式。

(4) 公共关系。为了使公众理解企业经营活动是符合公众利益的,有计划地加强与公众的联系,建立和谐关系,树立企业信誉所开展的系列活动属于公共关系。

(5) 销售技术服务。企业在销售汽车产品时,向客户介绍本企业汽车的产品特征,提供有关技术说明,培训用户掌握合理使用知识,提供一条龙服务以及为质量保修提供配件和维修服务等,都会对促进汽车销售产生很大影响。这些售前、售中和售后服务工作统称为销售技术服务。

2.7 汽车销售的工作流程

汽车销售通常采用展厅销售和市场销售两种方法。

展厅销售是被动销售,只有在潜在顾客到展厅参观后,企业的营销行为才能开始;市场销售是主动销售,营销人员根据一定的市场规律去发现目标消费群,然后进行针对性的营销工作,企业的营销活动是主动的。两者在很多时候是穿插进行的,既有不同之处,又可互为补充。汽车销售流程大致如图 2-2 所示。

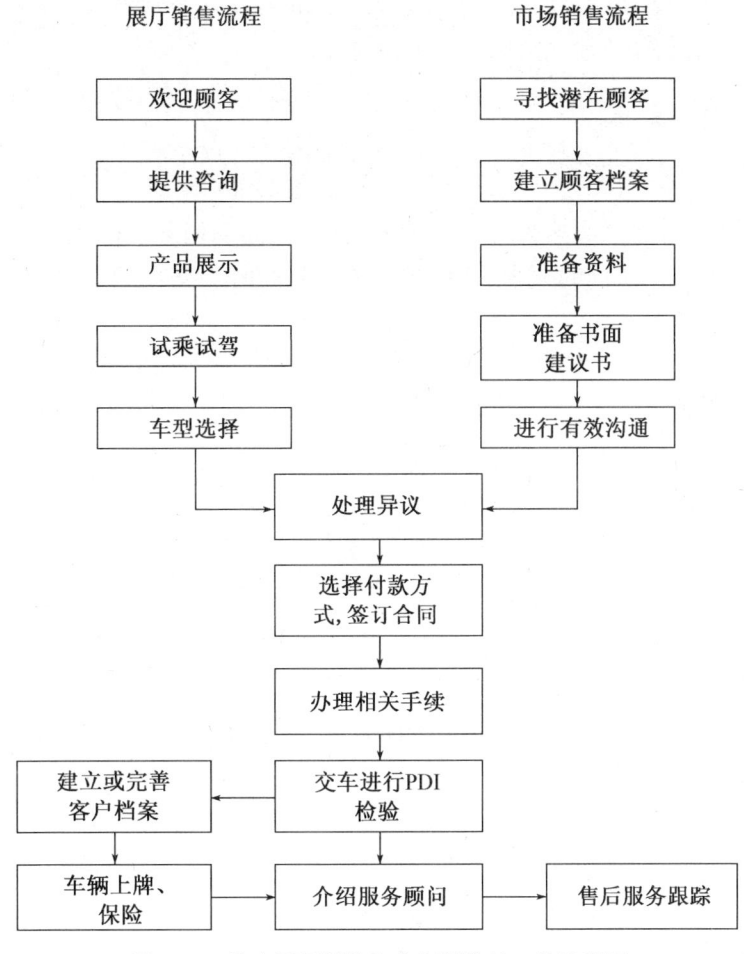

图 2-2 汽车展厅销售和市场销售的工作流程图

1. 欢迎顾客

目的是减少顾客的疑虑。在这一阶段,顾客通常预先对购车经历抱有负面的想法,因此殷勤有礼的专业人员的接待将会消除顾客的负面情绪,为购买经历设定一种愉快和满意的基调,为顾客树立一个正面的第一印象。营销人员要在顾客一到来时即以微笑迎接,即使正忙于帮助其他顾客也应如此,避免顾客因无人理睬而心情不畅。在迎接顾客后应询问能提供什么帮助,了解顾客来访的目的。通过热情有礼的迎接,降低顾客的疑虑情绪,使其在展厅停留较长时间,营销人员才有更多的时间与其沟通和交流。

2. 提供咨询

目的是建立顾客对营销人员及经销商的信心。在这一阶段,营销人员应仔细倾听顾客的需求,让他随意发表意见,而不要试图去说服他买某辆车。营销人员应了解顾客的需求和愿望,并用自己的话重复一遍,以使顾客相信他所说的话已被营销人员所理解。对营销人员的信赖会使顾客感到放松,并畅所欲言地说出他的需求,这使营销人员更容易确定所要推荐的车型,顾客也会更愿意听取营销人员的推荐。这是营销人员和经销商在咨询步骤通过建立顾客信任所能获得的最重要的利益。

3. 建立顾客档案

顾客一般不会在初次看车后就做出购买决定,他们会到很多展厅进行选择和比较,或者过很长一段时间才会做出购买决定。营销人员通过建立档案,有助于与顾客保持联系展开营销活动,如针对不同的顾客采用感情投资,或通知顾客车型降价、服务酬宾、新款车型等,防止目标顾客的流失。

4. 产品展示

目的是针对顾客的关注点进行产品展示,以建立顾客对所售车型的浓厚兴趣。营销人员必须通过传达直接针对顾客需求和购买动机的相关产品特性,帮助顾客了解所推荐的车型是如何符合其需求的,只有这时顾客才会认识其价值。

5. 试乘试驾、车型选择

这是顾客获得有关车的第一手材料的最好机会。在试车过程中,营销人员应根据顾客的购车动机进行更直观的说明或车型性能展示,以培养顾客对该款车的兴趣。

6. 处理异议

为了避免在协商阶段引起顾客的疑虑,对营销人员来说,重要的是要使顾客感到他已了解到所有必要的信息并控制着这个重要步骤。当顾客和营销人员对某一问题存在异议时,往往是销售的最后环节。只要从顾客的角度出发,解决好争议的焦点,就意味着交易的成功。

7. 签订合同,选择付款方式

让顾客采取主动,并允许有充分的时间让顾客做决定,同时加强顾客的信心。营销人员应对顾客的购买信号敏感。一个双方均感满意的协议将为交车铺平道路。双方对选择的车型均满意后要签订销售合同。

8. 交车、验车,介绍服务顾问

顾客有愉快的交车体验,是建立长期关系的起点。营销人员要做的具体工作:要保证按时交货,避免引起顾客的不快;要进行汽车PDI检验,防止出现故障隐患;要介绍服务顾问与消费者认识,帮助顾客了解售后服务的相关问题;要为顾客提供汽车售后的咨询,介绍汽车上牌照、保险等方面的相关知识;要完善顾客档案,为下一步销售服务工作的开展奠定基础。通过这些工作,将大大有助于与顾客建立长期的关系,拓展企业的销售服务链条,培养和壮大忠诚顾客群。

9. 车辆上牌和保险

进行车辆上牌和保险是顾客买车后的首要任务。有很多汽贸企业代办车辆上牌和保险等事宜,但是营销人员应由顾客来决定上牌的方式和选择购买的险种,充分尊重顾客,防止引起顾客的不快,因小失大。

10. 顾客关怀

对购车顾客进行售后服务跟踪,体现营销人员对购车顾客的关怀,是维持长期关系的重要手段。

总之,汽车销售是汽车经销企业的系统工程,它不仅与营销人员的服务规范有很大关系,同时和企业的售后服务水平也直接相关。

习 题

1. 什么是汽车营销?汽车营销有哪些工作内容?
2. 汽车营销人员应具备哪些基本素质和专业技能?
3. 汽车市场调查有哪些内容?
4. 简述汽车市场调查的工作流程。
5. 设计某品牌汽车销售服务的市场调研方案。
6. 分析不同年龄层汽车消费者的购车行为特征。

第 3 章 汽车物流服务

3.1 汽车物流概述

3.1.1 汽车物流的基本概念

汽车产业是国家工业化水平的代表性产业,也是最典型的成熟产业和垄断竞争型产业,其产业关联度很大。汽车产业的振兴能带动诸多相关产业的发展,诸多相关产业的发展又支撑着汽车产业的振兴。中国是世界上现今为数不多的汽车潜在需求巨大的地区。正是基于汽车产业的特性和发展潜力,国家将汽车产业确定为国民经济发展的支柱产业。汽车产业的蓬勃发展必将给汽车物流业带来勃勃生机。

汽车物流是指以最小的费用,按用户的需求,完成的汽车供应链上原材料、零部件、整车以及售后配件在各个环节之间的实体流动过程,包括运输、装卸、搬运、仓储、保管、包装、产品流通乃至回收等基本物流环节。全程利用公路、海运等运输方式,配合信息技术的应用,完成汽车从生产到回收的整体流程,是沟通原料供应商、生产厂商、批发商、零件商、物流公司及最终用户的桥梁,更是实现汽车产品从生产到消费各个流通环节的有机结合的基础,在汽车产业链中起到桥梁和纽带的作用。

汽车物流主要包括生产计划的制订、采购订单的下放及跟踪、供应商的管理、运输管理、进出口管理、货物的接收、仓储管理、发料及在制品的管理和生产线的物料管理、整车的发运等。

3.1.2 汽车物流的特点

汽车整车及其零部件的物流配送也是高技术行业,是国际物流业公认的最复杂、最具有专业性的领域,要求整个物流链中各个环节之间的衔接必须十分顺畅、平滑。其中,汽车整车物流是汽车物流的重要组成部分,汽车物流主要有以下特点。

1. 技术复杂性

汽车整车及其零部件的物流配送业是各个环节必须衔接得十分平滑的高科技行业。要保证汽车生产所需零部件按时按量到达指定工位是一项十分复杂的系统工程,汽车的高度集中生产带来成品的远距离运输以及大量的售后配件物流,这一系列过程构成了十分复杂的系统工程。这些都使汽车物流的技术复杂性高居各行业物流之首。

2. 服务专业性

汽车生产的技术复杂性决定了为其提供保障的物流服务必须具有高度专业性。供应物流需要专用的工位器具及运输工具，运输工具的档次直接关系到运输速度的快慢。生产物流需要专业的零部件分类方法，使汽车企业具有高度专业化的物流理念，销售物流和售后物流也需要服务人员具备相应的汽车保管、维修专业知识。因此，汽车物流是国际物流业公认的最复杂、最具专业性的领域。

3. 资本、技术和知识密集性

汽车物流需要大量专用的运输和装卸设备，需要实现"即时生产"和"零库存"，需要实现整车的"零公里销售"，这些特殊性需求决定了汽车物流是一种高度资本密集、技术密集和知识密集性的行业。

4. 网络的先进性

汽车物流是一种高度的资本密集、技术密集和知识密集型行业。随着现代科技的发展，计算机网络已经全面规划了汽车供应链中的物流、商流、信息流、资金流，并且构建电子商务采购和销售平台，通过应用条码技术、EDI技术、电子订货系统、POS数据读取系统、GPS系统等信息技术，有效地获取需求信息，使汽车物流更加高效，以满足客户需求。

5. 整合与协调性

汽车物流的重点是整合与协调，汽车物流以汽车制造企业为核心，通过物流和信息拉动供应商的原材料供应，从而推动分销商的产品分销及客服服务。所以，实现供应与需求的直接相互协调显得十分重要。

3.1.3 汽车物流的基本要素

汽车物流的基本要素主要由四个方面组成。

1. 人的要素

人是汽车物流系统的核心要素，是确保汽车物流顺利进行的根本保障。从业务要求的角度出发，汽车物流从业人员除了需要具备一般物流专业的知识外，还需要对汽车构造、生产、特性、运输等相关汽车专业知识有所了解。

2. 资金要素

资金是汽车物流得以完成的动力保证。汽车物流的实现要求人员、技术、设施以及设备的有机结合，这一切需要资金作为保障，离开资金，汽车物流的目标将很难实现。

3. 物的要素

汽车物流中物的要素包括为劳动对象（汽车）服务的一切物的条件，也包括为汽车产品提供物流服务的劳动工具和劳动手段,如各种物流设施、设备、工具以及各种消耗材料等。

4. 信息要素

信息是汽车物流运作的基础,也是汽车物流发展的重要基础。从某种意义上说,汽车物流的现代化就是实现汽车物流的信息化。汽车物流信息包括汽车物流系统中所有处理的信息。

3.2 汽车物流的分类

在不同领域,物流的对象、目的、范围和范畴不同,由此形成了不同的物流类型,但目前还没有产生统一的物流分类方法和标准。可以按照汽车物流的作用、空间范围及对象性质进行分类,分类的目的是便于研究。

1. 按照汽车物流的作用分类

(1) 供应物流。生产企业、流通企业或消费者购入原材料、零部件或商品的物流过程称为供应物流,也就是物资生产者、持有者至使用者之间的物流。对于工厂而言,是指生产活动所需要的原材料、备品备件等物资的采购、供应活动所产生的物流。对于流通领域而言,是指交易活动中,从买方角度出发的交易行为中所发生的物流。

(2) 销售物流。生产企业、流通企业售出产品或商品的物流过程称为销售物流,是指物资的生产者或持有者到用户或消费者之间的物流。对于工厂是指售出产品,而对于流通领域是指交易活动中,从卖方角度出发的交易行为中的物流。

(3) 生产物流。从工厂的原材料购进入库起,直到工厂成品库的成品发送为止,这一全过程的物流活动称为生产物流。生产物流是制造产品的工厂企业所特有的,它和生产流程同步原材料、半成品等按照工艺流程在各个加工点之间不停顿的移动、流转形成了生产物流。

(4) 回收物流。在生产及流通活动中有一些物资是要回收并加以利用,还有可用杂物的回收分类和再加工,例如,旧报纸、书籍通过回收、分类可以再制成纸浆加以利用,特别是金属的废弃物,由于金属具有良好的再生性,可以回收并重新熔炼成有用的原材料。

(5) 废弃物流。生产和流通系统中所产生的无用的废弃物,如果不妥善处理,不但没有再利用价值,还会造成环境污染,就地堆放会占用生产用地以至妨碍生产。对这类物资的处理过程产生了废弃物流。

2. 按照汽车物流的空间范围分类

(1) 汽车地区物流。汽车地区物流是指按照某一行政区域或经济区域来划分的内部物流。地区物流系统对于提高该地区企业物流活动的效率,以及保障当地居民的生活福利环境,具有不可缺少的作用。

(2) 汽车国内物流。汽车国内物流是指为国家的整体利益服务在自己国家的领地范围内开展的汽车物流活动。作为国民经济的一个重要方面,应该纳入国家总体规划的内容。我国的物流事业是社会主义现代化事业的重要组成部分,全国物流系统的发展必须从全局着眼,应该清除部门分割、地区分割所造成的物流障碍。尽早建成一些大型物流项目,为社会主义经济服务。

(3) 汽车国际物流。当前世界的发展主流是国家与国家之间的经济交流越来越频繁,任何国家不投身于国际经济大协作的交流之中,本国的经济技术就得不到良好的发展。工业生产也走向社会化和国际化,出现了许多跨国公司,一个企业的经济活动范围可以遍布各大洲。国家之间、洲际之间的原材料与产品的流通越来越发达,因此,国际物流的研究已成为物流研究的一个重要分支。

3. 按照汽车物流的对象性质分类

汽车物流具体作业对象涉及汽车整车、汽车零部件等。根据具体作业对象的性质,可将汽车物流划分为汽车整车物流和汽车零部件物流。由于性质不同,其物流的运作方式也有区别。汽车整车物流的运作流程较为清晰,物流活动内容主要与汽车制造企业、销售企业相联系。而汽车零部件的运作流程较为复杂,物流活动内容除了与汽车制造企业、销售企业相联系外,还与汽车零部件生产、汽车维修、汽车整车及零部件回收等企业相联系,物流作业涉及面广,运作内容较为复杂。

3.3 汽车物流要务

3.3.1 物流的基本环节

就构成物流链的基本环节而言,无论何种物流,只要形成完整的物流链过程,一般都包括以下几项内容。

1. 运输

运输是物质资料或产品在空间长距离的位移,它是物流活动的核心业务。

2. 仓储

仓库在物流网络组织体系中起节点的作用,一般的货运站都应具备一定的仓储环节和相应功能,并能产生商品的时间、空间效用。

3. 装卸搬运

运输、配送、仓储等过程在两端点的作业多离不开装卸,其内容包括物品的装上卸下、搬运、分类等作业内容,装卸搬运作业的机械化、电子化和自动化可以大大加快物流的中转和流动速度。

4. 包装

包装依其商品在流通中的作用不同,可以分为销售包装和运输包装。总体来讲,商品包装要满足消费者、运输商和消费商的要求。既要起到保护产品、方便使用、便于运输、促进销售的作用,同时还需降低包装成本。

5. 配送

配送是面向区域内进行的多品种、短距离、高频率的计划性商品送达服务。其本质也是物品的位移,但与运输环节相比,又具有自身的特点。

6. 流通加工

它是指物料、物品、产品从供应者到生产者或生产者到消费者间移动的过程中,为保证产品质量、促进产品销售或实现物流高效化,而对物品进行的有关加工作业。

7. 物流信息服务

主要指通过建立物流信息网或利用公共信息网、企业内联网,有效地为用户提供有关物资的购、储、运、销一体化服务及其他有关信息的咨询服务,以沟通与协调各部门相关企业、各物流环节的物流作业。

3.3.2 汽车销售物流的总体流程

车辆下线后,由销售储备部与生产车间进行交接,并负责售前业务。当销售指令发出后,由计划调度室调度车辆进行装车、发运,并负责途中的监控和安排回程运输。装车及在途运输由运输配送部负责。汽车销售物流业务可大体分为售前储备业务和调度运输业务两大部分。

1. 售前储备

售前储备是从整车下线以后,一直到销售部门传达销售指令之前的物流活动。它主要包括整车交接、入库保管、路试检验、出库以及有关的质量信息反馈工作。具体业务流程如下:

(1) 整车交接

汽车下线后,整车的接收由储备部门接车人员负责。首先,接车人员认真检查汽车的总体外观是否洁净无瑕和内部设施是否完整无污,若发现有不合格的车辆立即返厂维修,若确认整车性能完好,则签字盖章接受车辆,并将车开回库场。

(2) 入库

库管员负责商品车的仓储管理,当车辆入库时,由驾驶员和库管员办理好交接手续,并由信息中心进行条码扫描、微机录入,将整车的底盘号、出厂日期、颜色、入库位置等信息录入微机。在规范的库区中,库管员要保证库内商品车分品种、型号、颜色定置存放,做到摆放整齐有序,保证商品车无磕碰划伤现象,对商品车的完好率负责。

(3) 路试

按相关规定,在库存中随机抽取入库车辆的10%进行路试检验,通过在指定路线上对各种指定性能的检验,测试出合格车辆,并将其返回库场进行保管,试车员应将路试合格的车辆档案及时转交微机入库员,微机入库员及时将档案输入微机并打印入库通知单后,将档案转交档案管理员,档案管理员对档案管理负全部责任。若发现不合格车辆及时进行维修,若有大的机械故障则及时返厂进行维修。

(4) 出库

整车出库时,系统会自动按照先进先出的原则按入库先后顺序出库,配齐随车文件,并进行微机录入。现场发车时,由仓库保管员和提车员或汽车驾驶员做好汽车的交接手续,提车时必须认真核对型号、出厂编号等。如果发现车辆有故障,则及时返厂修理。

2. 调度运输

调度运输的具体业务的主要流程如下:

(1) 调度车辆

计划调度室通过信息中心可以及时收到销售部的销售信息,并根据信息中所列明的具体内容以及系统中营运车辆的状态情况,通过自动排车系统指定车辆装车。微机室及时将装车信息录入计算机。营运车辆驾驶员接到装车指令后,将适运车辆开到指定装车场地检查商品车无误,开始装车。如果发现车辆有问题,则及时将车返厂维修。

(2) 在途运输

装完车以后,营运车辆驾驶员将商品车运到指定地点,计划调度室负责车辆的在途管理和监控。车辆在抵达指定地点后,由接车方在交接单上签字表示确认。当市场需求量发生变化时,物流中心可以协同销售部门在各分拨中心之间进行产品的就近调拨,避免从汽车生产厂统一发货的高额运输、仓储费用,大幅度降低企业的经营成本。

(3) 回程运输

计划调度室通过区域配送中心(RDC)或遍布全国的网络铺设,与有关企业签订回程运输合同,以便提高车辆回程满载率,提高车辆运行效率,降低营运成本。驾驶员在货物运抵目的地后,接收计划调度室的回程运输指令进行运输,并在指定日期前返回。

3.3.3 汽车物流的管理模式

汽车物流的管理主要从我国汽车制造企业物流现状出发,改变企业的战略战术,引入第三方物流和供应商管理库存(VMI)思想,将物的流动从供应物流到生产物流,再到整车物流,整合成一个系统。其主要内容包括以下几个方面。

1. 供应物流管理

在汽车物流管理环境下,要求采购活动以订单驱动方式进行,采购的目的从"为库存采购"转变为"为订单采购",采购工作要保证做到恰当的数量、恰当的时间、恰当的地点、

恰当的价格和来源。通过统一采购和整合供应商管理及建立采购管理信息系统来实现供应物流的一体化，提高物流速度，实现资源的合理配置，节省大量的流动资金，保障生产的顺利进行。

2. 库存管理

在汽车物流管理模式下，库存是着眼点从单个企业开展，到供应商、制造商、销售商组成的整个物流范围，物流范围中的企业之间是一种合作博弈的关系，通过合作共同降低缺货、积压造成的库存风险，最终达到"双赢"的目的。我国汽车企业库存管理基本朝着供应商库存的方向发展，不仅解决了库存管理，还可采用多级库存、联合库存等多种方法。

对于供应商而言，替汽车制造商管理指定的库存，做到即需即供，实际上就是得到了采购合同，实现了定向销售的目的，这种销售不仅速度快成本低，而且通过汽车制造商传递出采购方向，使供应商迅速把握市场，及时调整产品策略，安排生产、增加整个生产的柔性，缩短采购与生产周期，消除预期外短期产品需求导致的额外成本，降低对安全库存的需求。

对汽车制造商而言，通过意向性的采购合同，确保了需求，降低了缺货率。同时将库存放在供应商仓库里，随用随送，降低了挤压率，按约定方式支付款项，不仅改变了传统采购方式，实现了自动补货，还在资金方面实现了零库存，降低了库存管理和供应商管理的成本，而供应链库存环节的成本降低使得最终产品价格降低，增加了竞争力及销售收入。

3. 生产物流管理

汽车的生产物流过程主要是指将零部件送到生产现场，一般包括零部件供应商、入库检验、入库、生产现场四个部分。在实施物流一体化的战略后，就要求供应物流同企业的生产物流能够有效衔接，汽车生产物流一般要经过冲压、焊接、涂装和总装四个主要环节。通常采用的生产方式都是混流生产，生产线旁的物流位置有限，上万种零部件准确地运送到消耗点是物流配送的难点。为了保证生产的流畅性，必须进行准确的零部件调配和物流信息跟踪。

4. 整车物流管理

整车物流是汽车销售的重要环节，是企业收回资本，实现利润的关键。产品汽车从生产流水线下线后，通过各种运输工具运往销售总库及各地分销库，最终到达消费者手中。在整车物流管理中，主要包括汽车产品入库、整车库存和在途库存管理、销售流程的控制等几个环节。现阶段我国整车物流管理是将汽车产品的分销物流一部分由第三方物流公司负责，另一部分由制造商自己完成，最后再慢慢过渡到完全由第三方物流公司负责，而且整车物流管理在很大程度上依靠整车物流管理系统。

5. 物流信息一体化

在整个汽车物流管理中，如果把企业与企业之间的联络看成是一系列的线的话，这些单个企业就是线上的结点。要使整个物流管理得以实现,最基本的就是实现这些结点的内部信息化,但如果缺乏对这些物流信息的管理整合,就必然产生"信息孤岛"现象,无法实现真正意义上的物流管理。因此,需构建面向整个物流网络中的汽车企业物流管理信息系统,这个系统将整合前面各个子系统,起到连接和共享作用。

3.4 汽车物流信息化

　　汽车物流企业应明确企业物流信息化发展的目标,构建信息优势和集成物流的"整体合力",制定出合理可行的物流信息化发展规划。最终要依据信息技术的发展和适应现代物流的整体需求,依托物流公共信息平台建设和电子商务发展环境,借鉴国外物流信息化成功经验,走汽车物流信息化之路,为汽车供应链创造差异化的竞争优势。

3.4.1　汽车物流信息化概念

　　汽车物流信息化,就是利用信息技术和信息平台,完成包括汽车企业以及汽车供应链的计划制定、生产控制、库存监控、汽车配件供应、产品交付和顾客服务于一体的系统的信息化管理过程。汽车行业的信息化,大体可以分为两类:一是企业内部的信息化;二是汽车行业的信息化。

　　由此可知,实现汽车物流信息化,一方面需要企业自身完善信息化生产运作、信息化管理。以信息技术统筹管理企业的所有信息,以开发和利用信息资源,提高管理水平、研发能力、经营水平,其已经成为企业核心竞争力的关键。另一方面需要利用信息平台推动行业信息化。实现行业信息化,提高汽车物流标准化程度,促进物流发展进程,缩短与信息流、商流和资金流的操控差距,全面实现电子商务。因此尽快发展行业信息化将具有非同寻常的意义。

　　物流企业必须将为客户提供的信息服务内容作为信息系统建设的重要依据,通过采用先进的信息技术实现供应链伙伴互相之间的信息沟通与共享。而我国物流企业大都没有把物流信息化放在战略高度来认识,往往是以满足企业内部管理为出发点建设物流信息系统,忽视对客户物流信息服务的建设,这种观念上的差距严重影响了物流信息系统的投入力度和实施效果。因此,必须将服务作为物流信息化的核心,围绕提供客户服务水平来改造物流管理模式与运作流程,并以此业务需求为依据来建设物流信息系统。

　　从系统论的角度来审视汽车物流企业和供应链的物流活动可以发现:整个汽车物流过程是一个多环节(子系统)的复杂系统。汽车物流系统中的各个子系统通过物质实体的运动将它们联系在一起,一个子系统的输出就是另一个子系统的输入,合理组织汽车企业物流活动,就是要使物流各个环节互相协调,根据总目标的需要适时、适量地调度系统内的基本资源。而汽车物流系统中各个环节之间的相互衔接是通过信息予以沟通的,基本资源的调度也是通过信息的传递来实现的。因此,汽车企业物流内控及物流活动的系统化管理必须以物流信息化为基础,汽车物流信息化的实现,又需要信息技术的强力支持。

3.4.2 汽车物流信息化目标

我国汽车物流企业信息化建设的目标可分为三个层次：基础信息化、利用信息系统优化作业和供应链信息整合。

1. 基础信息化

该层次的目标主要是解决信息的采集、录入、传输、加工及共享，最终目的是提高工作效率，提高准确程度，提高决策水平，从而为企业带来效益。这个层面上可以不涉及或很少涉及流程改造和流程优化的问题，信息系统的任务就是为对采集上来的数据进行分析，为决策提供即时和准确的信息。对于汽车物流企业，由于国内汽车生产企业汽车产量增加，规模扩张，与汽车生产企业的业务往来加大，急速扩张的业务要求汽车物流企业有一套完善的业务管理分析系统。该系统可将数据录入系统，实现了各个不同地点的业务点的数据共享。通过数据分析，提供业务走势分析、比例分析及利润分析等信息，有效提高了业务决策水平。

2. 利用信息系统优化作业

这一层次的目标主要是将系统论和优化技术用于物流的流程设计和改造，融入新管理制度之中。此时信息系统的作用：一是固化新的流程或新的管理制度，使其得以规范地贯彻执行；二是在规定的流程中提高优化的操作方案，包括仓储存取优化方案和运输路径优化方案等，此时信息系统的作用主要在于固化管理和优化操作。

3. 供应链信息整合

这一层次的目标是要提高整个供应链的效率和竞争力，主要是通过对上下游企业的信息反馈服务来提高供应链的协调性和整体效益。汽车物流信息系统不仅是供应链的血液循环系统，也是神经系统。供应链的基础是建立互利的机制，但是这种机制需要一定的技术方案来保证，信息系统在这里的主要作用是实现这种互利机制的手段。此时的汽车物流企业的信息系统建设，要注重与供应链上所有企业的信息共享功能，对数据的处理要注重资源整合和预测功能。

3.4.3 汽车物流信息化特点

优秀的汽车物流企业信息系统不仅能够降低企业运营成本、提高运营效率和提高客户服务水平，还能够使汽车物流企业在使用物流信息系统的过程中，不断丰富和积累物流管理知识，提高企业的整体管理水平。汽车企业选择物流系统，与其说是一种信息技术选择，不如说是一种企业管理模式和市场竞争战略的选择。优秀的汽车物流信息系统应具有以下特性。

1. 可得性

汽车物流企业信息系统必须具有容易而又始终如一的可得性,所需信息包括订货、进货和存货状况,当上下游企业有需要获得物流活动的重要数据时,应该很容易从计算机系统中重新得到。可得性的另一方是信息系统存取所需信息的能力,无论是管理上的、顾客方面的还是产品订货位置方面的信息。汽车零部件生产厂商分布较为分散,要求汽车物流企业能从上下游企业得到最新更新的数据,这样信息可得性可以减少作业和制定计划上的不确定性。

2. 精确性

汽车物流企业信息系统必须精确反映当前物流服务状况和定期活动,以衡量订货和存货水平。精确性可以解释为物流系统报告与实际状况相吻合的程度。平稳的物流作业要求实际的数据与物流信息系统报告相吻合的精确性最好在99%以上,当实际数据与物流信息系统报告存在误差时,就要通过缓冲存货或安全存货的方式来适应这种不确定性。

3. 及时性

汽车物流企业信息系统必须能够提供及时的、最快速的管理信息反馈。及时性是指一系列物流活动发生时与该活动在物流信息系统中的实时更新。实时更新往往会增加记账工作量,因此编制条形码、采用扫描技术和物流 EDI 有助于及时而有效的数据记录。

4. 追踪性

汽车零部件供应商和整车销售商分布区域大,又要做到"零库存",这就要保证信息系统的追踪性。要做到及时供应、减少库存,就需要对零部件及整车的在途运输信息实时追踪,采用 GPS 和 GS 技术,可更有效地对零部件及整车的破损及意外情况进行实时掌控,确保有效的供应。

5. 智能性

汽车物流作业要与大量的客户、汽车生产厂、零部件供应商和销售网点进行协作,要求物流信息系统应能有效识别异常情况。在汽车物流系统中,需要定期检查存货情况、订货计划,这两种情况在许多物流信息系统中要求手工检查,尽管这类检查正愈来愈趋向自动化,但人工检查需要花费大量的时间。因此,要求汽车物流企业信息系统要结合决策规则,智能化地识别这些需要管理者注意并做出决策的异常情况,计划人员和经理人员应把他们的精力集中在最需要注意的情况,集中在判断分析上。

6. 灵活性

物流信息系统必须具有灵活反应能力,以满足系统中生产厂商、销售商和顾客的需求。汽车物流企业信息系统以虚有能力提供能满足客户需要的数据，一个灵活的物流系统必须适应这一要求，以满足未来企业客户的各项信息需求。

7. 界面应友好和规范

汽车物流信息系统提供的物流报告应该界面友好和规范，以适当的形式对物流信息进行表述，建立正确和规范的物流信息表达结构，方便客户查询和阅读，方便客户打印和存档。物流报告的表现形式应与传统报告相结合，便于企业保管及管理人员阅读和分析。

3.4.4 汽车物流信息化作用

在汽车物流企业中，信息流将各个环节紧密联系在一起，主要体现在对物流信息进行采集、存储、传播、处理、显示和分析等几个方面。因而该系统的功能大致可归为以下几类。

1. 数据的采集和录入

首先应用条形码技术和RFID获取汽车零部件或整车的信息，记录下物流内外的有关数据，采集各种相关数据，并把其转化为可接收的形式。

2. 信息的存储

各种零部件、整车数据资料等信息进入系统后，将种类、数量、位置、有无等信息经过整理和加工，成为支持物流企业信息系统运行的信息，这些信息需要暂时存储或长期保存，以供使用。

3. 信息的传播

由于汽车物流环节繁多、过程复杂，就需要供应链上下游企业及时有效的沟通，做到准时供货、"零库存"管理。通过建设企业信息网络，即内联网和外联网，汽车零部件供应企业、整车生产企业和专业的物流企业可以及时地沟通、协调物流系统中各个环节。

4. 数据的追踪

汽车零部件生产厂商分布地域广阔，在途追踪显得尤为重要。物流信息系统利用GFS和GIS，实现动态实时和可视化追踪，实时掌握整条供应链动向，掌握汽车物流的流向和流量。

5. 信息的处理

物流企业信息系统的最基本目标就是将输入的数据、资料等信息加工处理成有用的物流信息，对于汽车物流企业，通过管理信息系统对信息进行处理。

6. 信息的输出

物流企业信息系统的目的是为了各类与物流相关的人员提供信息,为了便于人们的理解,系统输出的形式应力求清晰明了,简洁易懂。

习　题

1. 什么是汽车物流?汽车物流有哪些工作内容?
2. 汽车物流的特点是什么?
3. 试分析我国汽车物流存在的主要问题和发展趋势。
4. 汽车物流的基本环节有哪些?
5. 汽车物流信息管理系统的功能和内容有哪些?

第 4 章 汽车售后服务

4.1 汽车售后服务主要内容

汽车售后服务一般是指汽车售出之后的维修和保养服务,包括汽车零配件销售、汽车修理服务和汽车美容养护等。提供服务的主体是制造商、销售商、维修商、配件商等服务商,共同为客户及其拥有的汽车提供全过程、全方位服务。汽车售后服务的直接服务对象是客户,间接服务对象是汽车。

汽车售后服务既包括汽车生产商、汽车经销商和汽车维修企业所提供的质量保修、汽车维修维护等服务,也包括社会其他机构为满足汽车用户的各种需求提供的汽车美容养护等服务,汽车售后服务可以归纳为以下主要内容。

(1) 由汽车生产商提供的汽车服务网络或网点的建设与管理、产品的质量保修、技术培训、技术咨询、配件供应、产品选装、信息反馈与加工等。

(2) 为汽车整车及零部件生产商提供的物流配送服务。

(3) 汽车的养护、检测、维修、美容、装饰、改装等服务是汽车售后服务的主要服务项目,这类服务的经营者有汽车生产商授权的汽车经销商(4S 店)和特约汽车维修服务站,也有社会连锁经营或独立经营的各类汽车维修企业。其中汽车的养护包括定期更换机油和"三滤"、轮胎定期换位、更换易损件、检查汽车的紧固件等,是售后服务的最主要服务内容之一。检测包括对发动机变速器、减振器等部件的故障检测,也包括为保证汽车的安全使用的年检等。汽车维修包括汽车生产商质量保修外的所有故障修理,主要为事故车修理,维修服务在售后服务中的需求量相对较大。汽车美容包括清洗、打蜡、除尘、翻新、漆面处理等养护过程。汽车装饰就是通过添加一些附属的物品,使原车变得更加豪华、靓丽、温馨、舒适、方便、安全。汽车改装是对汽车的实用性、功能性、欣赏性进行改进、提升和美化。

(4) 汽车配件经营。在汽车生产商售后配件供应体系之外,还存在着相对独立的汽车配件经营体系,如各地的汽车配件城,其货源有原厂配件,也有副厂配件,可以满足不同用户的不同需求。

(5) 汽车故障救援服务。汽车故障救援服务主要包括车辆因燃油耗尽而不能行驶的临时加油服务、因技术故障导致被迫停驶的现场故障诊断和抢修服务(针对易排故障和常见小故障)、拖车服务(针对不能现场排除的故障)、交通事故报案和协助公安交通管理部门处理交通事故(针对交通肇事的救援或拖车)等服务。

4.2 汽车售后服务的作用

随着我国汽车保有量的持续上升,汽车已经成为人们生活中不可或缺的工具,中国人的消费热情已全面升级,与之相伴的必然是汽车个性化需求。汽车也将继家庭、公司之后成为人们最重要的第三生活空间,即"流动的家"。所以,汽车售后服务具有重要的作用。其作用可概括为以下几个方面。

1. 确保产品功能的正常发挥

服务商为用户提供及时、周到、可靠的服务,以保证汽车产品的正常使用、可靠运行,最大限度地发挥车辆的使用价值。

2. 为用户解除后顾之忧

在用户的汽车产品出现故障时,及时修理汽车使其恢复正常使用,并接受用户的索赔,或执行汽车召回制度,为用户解除使用的后顾之忧,使用户满意。

3. 信息反馈的作用

售后服务的网络建设,企业不仅可以掌握用户的信息资料,还可以广泛收集用户意见和市场需求信息,准确及时地反馈这些信息,为企业及时做出正确的决策提供依据。

4. 提高企业市场竞争能力

用户在购买产品时,总希望能给他们带来整体性的满足,不仅包括实体物质产品,而且还包括满意的服务。继产品性能、质量、价格之后,优质的售后服务可以增加用户对产品的好感。这种好的感受通过口口相传又会影响更多的人,增加产品的口碑,从而提高了企业的声誉,赢得更多的用户,增强企业的竞争能力。同时,还可以让用户体验到被重视、被尊重的感觉,给他们心理上的优越感,因而售后服务也是满足消费者心理需求的一个重要的过程。如果服务没有做好,消费者损失的不仅是金钱,还包括时间和情感,但最终损失最多的仍是企业的信誉。

现代国际汽车市场的竞争现状表明,汽车营销的竞争重点已从技术和价格的竞争转向了服务领域的竞争,世界各大汽车企业公认的一条规律:第一辆汽车是由营销人员卖出去的,而从第二辆起就是由优质的售后服务卖出去的。因此做好汽车售后服务工作的意义极其重大。

5. 可以为企业树立良好的形象

售后服务业务是汽车制造商伸向市场的触角,它直接面向消费者。企业统一的形象设计可以通过售后服务渠道准确而有力地展现给用户,因而做好售后服务工作,可以在用户中树立良好的形象,为企业获得美名。

6. 企业增加收入的一个途径

除在一定的保证期限内为用户提供免费服务外,其他的有关服务以及为用户提供大量的零配件和总成件都是付费服务,可以增加企业的收入。在整个汽车产业链中,汽车产品主要的利润获得并不是整车销售而是来自售后服务。据专家分析,企业出售整车只赚了消费者 20% 的钱,还有 80% 的钱滞留在以后的售后服务中。

4.3 国外汽车售后服务模式的形成与发展

4.3.1 国外汽车售后服务的模式

1. 连锁经营模式

以美国为代表的连锁经营模式。美国国土面积世界排名第四,面积广大,而人口密度低于世界平均水平,市场竞争又较为充分。在这些因素影响下,美国汽车售后服务市场逐渐被连锁经营模式主导。连锁的发起者不是整车厂,而是定位于汽车售后市场的集汽配供应、汽车维修、快速养护为一体的综合性服务商。品牌连锁店可以同时销售多个汽车品牌的零配件,它们的配件销量占美国汽配市场的 70%。连锁经营方式,整合了各品牌汽车零配件的资源,打破了纵向的垄断,价格上实行透明、统一的政策,可以给各种品牌的车主提供汽车维护、维修、快修、美容和零配件供应的一条龙服务,车主问题可以一站式解决。

2. "四位一体"模式

以欧洲为代表的"四位一体"模式实际上就是我国普遍采用的"4S"形式,这种模式由生产商主导,经销商实施,为单一品牌车型提供包括整车销售、售后服务、零配件供应、信息反馈 4 种主要服务。这种汽车服务起源于欧洲,欧洲的城市密布,城市间距离短,交通便利,汽车工业发达,各种服务设施完备。在汽车保有结构方面,具有车型集中、每种车型有较大的保有量等特点。以德国为例,人口 8 100 万,汽车保有量 5 000 万辆,其中轿车 4 200 万辆,品牌多集中在德国本土生产的大众、奔驰、宝马等汽车集团旗下,"四位一体"的经营模式非常适合这样的大环境,因此得以存在和发展。

4.3.2 国外汽车售后服务的发展趋势

1. 品牌化经营

这主要分为汽车制造商和专业汽配维修商两大类。国外大汽车生产商往往也是售后市场的主力。生产商所属维修厂规模较大,生产设备精良,维修人员受过统一培训,在技术上具有权威性,服务地点相对固定,服务对象主要是品牌车。而专业汽配维修商则采用连锁经营模式,自创服务品牌。

2. 规模化经营和规范化经营

汽车保修行业的规模化经营,是指拥有大量的连锁分支机构。美国的保标快车养护系统在美国本土就有1 000多家加盟店。规模化经营只有以规范化经营为前提,才能保证服务质量。在同一连锁系统内,采用相同的店面设计、人员培训、管理培训,统一服务标识,统一服务标准,统一服务价格,统一管理规则,统一技术支持,中心采用物流配送,不仅能有效地减少物资储存和资金占用,而且可以降低运营成本,提高整体的品牌形象,更好地方便消费者,吸引更多客户。

3. 观念从修理转向维护

国外汽车厂家认为坏了修还不是真正的服务,真正的服务是要保证用户的正常使用,通过服务要给客户增加价值,厂家在产品制造上提出了"零修理"的新概念,售后服务的重点转向了维护而不是维修。

4.4　国内汽车售后服务模式的形成与发展

4.4.1　国内汽车售后服务的模式

目前,国际上汽车售后服务市场的经营模式中最具代表性的有两种,即"四位一体"和"连锁经营"。但在中国,汽车售后服务市场发展还不成熟,世界各大汽车厂商进入中国市场的时间还不是很长,售后服务还未完全跟进的情况下,中国汽车售后服务市场存在四种经营模式,即"四位一体""特约维修""连锁经营"和"路边小店"。

1. "四位一体"模式

"四位一体",即4S店模式。在中国这种经营模式部分由厂家自己设立,部分由当地招商外包形式完成。它的进入门槛相当高,需要具有相当规模的经销商才能进入,动辄几百万甚至上千万元的资金投入,令许多经销商望而却步。这种经营模式由生产商主导,有一套完善的销售和服务信息系统,服务规范,维修质量有保证,可信度高,但是也存在着自身的种种不足。

2. "特约维修"模式

"特约维修",即许多汽车经销商自己不具备经营4S店的实力和规模,或当地市场不足以支撑4S店的运营,经销商委托当地一家专业汽车维修企业,为自己经销的车型提供维护及修理服务。这种模式,很大程度上也能够保证售后服务的顺利进行,但其在专业化程度、零部件供应等方面会大打折扣。这种特约维修的企业受厂家或经销商的约束较少,并且有利益冲突,有些情况下难免会为了保全自身的利益而做出有损企业形象的事。

3. "连锁经营"模式

"连锁经营",即某一汽车售后服务专业厂商在全国各地以连锁店的形式提供售后服务,包括汽车美容、维护和修理等。常见的连锁模式有加盟店和直营店。这种企业采用统一的品牌、服务体系、标准,服务人员接受统一的专业培训,因此,这种经营模式网络分布广,专业化程度相当高。但这种模式要求企业对各款车型的美容及维修都具备专业、全面的知识,拥有一套严密、科学的服务体系,目前我国自己的汽车售后服务企业这方面还有所欠缺。

4. "路边小店"模式

"路边小店",即不隶属于任何厂商和连锁机构,独立运作,直接面对用户提供汽车维修服务。目前国内绝大部分汽车售后服务市场被这种经营模式的企业占据。其经营灵活多变,但专业化程度不高,缺乏统一的行业标准和制度保证,维修和服务质量无法保证。这种经营模式定位较低,服务价格也较低,但其品质,主要是在配件质量、维修护理专业化程度、经营诚信等方面很难保证。

4.4.2 国内汽车售后服务的发展趋势

1. 品牌化、规模化经营

在众多行业讲求品牌化的今天,汽车售后服务行业无疑也会走上品牌化道路。在雄厚的技术力量、专业化的工具设备、完善的服务体系支撑下打造品牌。倡导"让用户满意"的服务理念,不断加强对管理人员的业务培训力度,以适应不断变化的市场需求。进行全方位的系统人员培训,以提高人员的素质;配备专用工具,采用正宗原厂配件,以保证维修质量。全国配件统一限价,以保证市场的规范化。实行严谨合理的质量担保政策和维修工时费价格区域统一,以最大程度保证用户的利益。规模化经营可以降低企业成本,吸引更多的客户。

2. 行业规范化

在汽车售后服务市场,除了企业自律以外,政府这只"看得见的手"也是非常有必要。以美国为例,美国政府对汽车维修行业的管理主要依靠各州政府直属部门——汽车维修局,它负责对该州汽车维修人员进行培训考核,对修竣汽车的尾气排放进行监督,受理消费者诉讼,维护行业形象,审核汽车维修企业主经营资格。

3. 售后服务企业观念从修理转向维护

国外汽车厂家在产品制造上提出了"零修理"概念,售后服务的重点转向了维护。这在国内还是一个全新的理念,但非常值得国内众多企业借鉴和学习。使用汽车是为了方便、省时,车坏在半路上不但达不到上述效果反而还会给车主带来很大的麻烦。目前,已经有少数的 4S 店开展了维护提醒服务,在以后服务竞争时代必将成为主旋律。

4.5 汽车售后服务相关的政策法规

4.5.1 汽车"三包"

目前,我国已成为全球最大的汽车消费国之一。一方面汽车产销量快速增长,另一方面汽车质量争议、维修服务纠纷大幅度增长,汽车投诉数量居高不下。特别是家用汽车产品修理、更换、退货(简称"三包")责任已经成为消费者关注的热点问题。为了保护家用汽车产品消费者的合法权益明确家用汽车产品修理、更换、退货责任,2010 年 10 月,启动了《家用汽车产品修理、更换、退货责任规定》的立法工作。并于 2012 年 12 月 29 日公布《家用汽车产品修理、更换、退货责任规定》,自 2013 年 10 月 1 日起施行。汽车"三包"规定明确了经营者各方的法律义务、责任,对汽车生产、销售、修理企业,在产品质量和服务质量方面提出了更明确的要求,有利于激励汽车企业为消费者提供更优质的产品和更完善的服务,同时也给消费者维权提供了可以依靠的法律基础,进一步加强对消费者合法权益的保障。

规章规定,家用汽车产品包修期限不低于 3 年或者行驶里程 60 000 公里,以先到者为准;家用汽车产品"三包"有效期限不低于 2 年或者行驶里程 50 000 公里,以先到者为准。

家用汽车产品包修期限是指家用汽车产品经营者因家用汽车产品质量问题,承担汽车产品免费修理责任的期限。家用汽车产品"三包"有效期限是指家用汽车产品经营者因汽车产品质量问题,依照法定的条件和要求,承担修理、更换或退货责任的期限。与保修期相比,"三包"有效期限内经营者除了免费修理义务之外,对于满足换车或退车条件的家用汽车产品,还要承担换车或退车的责任。

在《家用汽车产品修理、更换、退货责任规定》中列出四种具体符合"三包"有效期的情形:一是从销售者开具购车发票 60 天内或者行驶里程 3 000 公里之内,出现转向系统失效、制动系统失效、车身开裂、燃油泄漏,就可以选择换货或退货;二是严重的安全性能故障累计做两次修理仍然没有排除故障,或出现新的严重安全性能故障,可以选择退货或换货;三是发动机变速器累计更换两次,或它们的同一主要零件累计更换两次仍然不能正常使用,可以选择退货或换货;四是转向系统、制动系统、悬架系统、前后条、车身当中的同一主要零件累计更换两次仍然不能正常使用,消费者也可以选择换货或退货。除此之外,新规还规定了因修理时限的原因引起的换货情形以及因换货不成而引起的退货情形。

汽车"三包"针对的是个别的、偶然的、不具有普遍代表性的问题,一般只由汽车经销商和维修商出面解决。

4.5.2 缺陷汽车产品召回

缺陷汽车产品召回是在汽车使用过程中发现的一些可能造成人身、财产安全的缺陷,这些缺陷主要由设计制造不当所致,发现后以召回的方式来消除缺陷,确保用户的使用安全。缺陷汽车产品召回解决的是某一批次中同一性质的不合理危险,一般由制造商出面公布,汽车经销商和维修商出面免费为用户解决。

1. 汽车召回制度

(1) 汽车召回制度的形成与发展

汽车召回制度始于20世纪60年代的美国,美国的律师拉尔夫发起运动,呼吁国会建立汽车安全法规,于是美国的《国家交通及机动车安全法》诞生,该法律规定,汽车制造商有义务公开发表汽车召回信息,且必须将情况通报给用户和交通管理部门,进行免费修理。

为保护消费者利益、促进相关车企履行社会责任,规范汽车产业发展,提高汽车产品质量安全,2002年,中国国家质量监督部门起草汽车召回相关条例;2004年3月,国家质检总局等四部门发布《缺陷汽车产品召回管理规定》,中国汽车召回制度拉开帷幕;《缺陷汽车产品召回管理条例》已于2012年10月10日的国务院第219次常务会议通过,1月31日正式公布,自2013年1月1日起施行。中国制定的《缺陷汽车产品召回管理条例实施办法》(简称《实施办法》)经通报世界贸易组织(WTO)后正式颁布,于2016年1月1日起正式实施。

《实施办法》作为《缺陷汽车产品召回管理条例》的细化规章,进一步明确和强化了生产者召回责任主体义务,增加了对汽车零部件生产者的义务,对监管部门的工作流程及地方质检部门参与召回管理的内容进行了细化,增加了向社会发布风险预警信息的内容,丰富了缺陷产品调查工作手段。

2004年3月,国家质检总局等四部门发布了《缺陷汽车产品召回管理规定》,我国开始实行缺陷汽车产品召回制度。截至2011年底,共实施召回419次,累计召回缺陷汽车产品621.1万辆。2018年全年共实施汽车召回221次,涉及缺陷车辆1251.28万辆,召回次数和召回数量分别比2017年减少12%和37.6%。截至2018年底,我国累计实施汽车召回1768次,涉及缺陷车辆6925万辆,汽车产品生产者因召回而投入直接费用总计约529亿元,累计挽回消费者损失520亿元。近五年年均召回次数220次,近每两天发生一次召回,实施召回已经成为汽车生产企业的常态化活动。

(2)《缺陷汽车产品召回管理条例》

在考虑召回程序是否明确具体、是否具有针对性和可操作性,是确保生产者履行召回责任的前提下,条例从以下三个方面做了规定。

一是明确了召回启动程序。生产者获知汽车产品可能存在缺陷的,应当立即组织调查分析,确认汽车产品存在缺陷的,应当立即停止生产、销售、进口缺陷汽车产品,并实施召回;国务院产品质量监督部门经缺陷调查认为汽车产品存在缺陷的,也应当通知生产者实施召回。生产者认为其汽车产品不存在缺陷的,可以在规定期限内向国务院产品质量监督部门提出异议,国务院产品质量监督部门应当组织有关专家进行论证、技术检测或者鉴定。生产者既不按照通知实施召回又不在规定期限内提出异议的,或者经国务院产品质量监督部门组织论证、技术检测或者鉴定确认汽车产品存在缺陷的,国务院产品质量监督部门应当责令生产者实施召回,生产者应当立即停止生产、销售、进口缺陷汽车产品,并实施召回。

二是规定了召回实施程序。生产者实施召回,应当按照国务院产品质量监督部门的规定制定召回计划,并按照召回计划实施召回。对实施召回的缺陷汽车产品,生产者应当及时采取修正或者补充标识、修理、更换、退货等措施消除缺陷。国务院产品质量监督部门应当对召回实施情况进行监督,并组织与生产者无利害关系的专家对生产者消除缺陷的效果进行评估。

三是规定了召回报告程序。生产者应当按照国务院产品质量监督部门的规定提交召回阶段性报告和召回总结报告。

(3)《缺陷汽车产品召回管理条例实施办法》

《实施办法》对《缺陷汽车产品召回管理条例》中生产者的信息报告义务、缺陷调查及召回实施程序、监管职责和法律责任等相关内容做进一步细化和明确,使之更具有可操作性,以满足监管需要。

(4) 概念

① 缺陷汽车产品召回

缺陷汽车产品召回是指汽车产品生产者对其已售出的汽车产品采取措施消除缺陷的活动。

② 汽车缺陷

汽车缺陷是指由于设计、制造、标识等原因导致的在同一批次、型号或者类别的汽车产品中普遍存在的不符合保障人身、财产安全的国家标准、行业标准的情形或者其他危及人身、财产安全的不合理的危险。

③ 召回期限

整车为自交付第一个车主起,汽车制造商明示的安全使用期止;汽车制造商未明示安全使用期的,或明示的安全使用期不满10年的,自销售商将汽车产品交付第一个车主之日起10年止。汽车产品安全性零部件中的易损件,明示的使用期限为其召回时限;汽车轮胎的召回期限为自交付第一个车主之日起3年止。

④ 几种需要召回的情形

经检验机构检验安全性能存在不符合有关汽车安全的国家标准、行业标准的;因缺陷已给车主或他人造成人身或财产损害的;虽未造成车主或他人人身与财产损害,但经检测、实验和论证,在特定条件下缺陷仍可能引发人身或财产损害的。

2. 缺陷汽车产品召回的程序

(1) 缺陷汽车产品主动召回程序

制造商确认其生产且已售出的汽车产品存在缺陷决定实施主动召回的,应当向主管部门报告,并应当及时制定包括以下基本内容的召回计划,提交主管部门备案。

① 有效停止缺陷汽车产品继续生产的措施;

② 有效通知销售商停止批发和零售缺陷汽车产品的措施;
③ 有效通知相关车主有关缺陷的具体内容和处理缺陷的时间、地点和方法等;
④ 客观公正地预测召回效果。

境外制造商还应提交有效通知进口商停止缺陷汽车产品进口的措施。

制造商在向主管部门备案同时,应当立即将其汽车产品存在的缺陷、可能造成的损害及其预防措施、召回计划等,以有效方式通知有关进口商、销售商、租赁商、修理商和车主,并通知销售商停止销售有关汽车产品,进口商停止进口有关汽车产品。制造商须设置热线电话,解答各方询问,并在主管部门指定的网站上公布缺陷情况供公众查询。

(2) 缺陷汽车产品指令召回程序

主管部门依规定经调查、检验、鉴定确认汽车产品存在缺陷,而制造商又拒不召回的,应当及时向制造商发出指令召回通知书。国家认证认可监督管理部门责令认证机构暂停或收回汽车产品强制性认证证书。对境外生产的汽车产品,主管部门会同商务部和海关总署发布对缺陷汽车产品暂停进口的公告,海关停止办理缺陷汽车产品的进口报关手续。在缺陷汽车产品暂停进口公告发布前,已经运往我国尚在途中的,或已到达我国尚未办理海关手续的缺陷汽车产品,应由进口商按海关有关规定办理退运手续。

主管部门根据缺陷的严重程度和消除缺陷的紧急程度,决定是否需要立即通报公众有关汽车产品存在的缺陷和避免发生损害的紧急处理方法及其他相关信息。

制造商应当在接到主管部门指令召回的通知书之日起5个工作日内,通知销售商停止销售该缺陷汽车产品,在10个工作日内向销售商、车主发出关于主管部门通知该汽车存在缺陷的信息。境外制造商还应在5个工作日内通知进口商停止进口该缺陷汽车产品。

4.5.3 汽车召回与"三包"的主要区别

从表面上看,汽车召回和"三包"都是为了解决汽车出现的一些质量问题,维护消费者的合法权益。但两者在问题的性质、对象、范围和解决方式等方面有区别。

1. 性质不同

汽车召回的目的是为了消除缺陷汽车安全隐患和给全社会带来的不安全因素,维护公众安全;汽车"三包"的目的是为了保护消费者的合法权益,在产品责任担保期内,当车辆出现质量问题时,由厂家负责为消费者免费解决,减少消费者的损失。

2. 对象不同

召回主要针对系统性、同一性与安全有关的缺陷,这个缺陷必须是在一批车辆上都存在,而且与安全相关。"三包"规定是解决随机因素导致的偶然性产品质量问题的法律责任。对于由生产、销售过程中各种随机因素导致产品出现的偶然性产品质量问题,一般不会造成大面积人身伤害和财产损失。在"三包"期内,只要车辆出现质量问题,无论该问题是否与安全有关,只要不是因消费者使用不当造成的,经销商就应当承担修理、更换、退货的产品担保责任。

3. 范围不同

"三包"规定主要针对家用车辆。汽车召回则包括家用和各种运营的道路车辆,只要存在缺陷,都一视同仁。国家根据经济发展需要和汽车产业管理要求,按照汽车产品种类分步骤实施缺陷产品召回制度,首先从 M1 类车辆(驾驶员座位在内,座位数不超过 9 座的载客车辆)开始实施。

4. 解决方式不同

汽车召回的解决方式:汽车制造商发现缺陷后,首先向主管部门报告,并由制造商采取有效措施消除缺陷,实施召回。汽车"三包"的解决方式:由汽车经营者按照国家有关规定对有问题的汽车承担修理、更换、退货的产品担保责任。在具体方式上,往往先由行政机关认可的机构进行调解。

4.6 汽车生产商体系提供的售后服务

汽车市场的竞争是一个综合性的竞争,既要有吸引人的汽车产品,还要有留住人的售后服务,汽车消费越理智,消费者对于汽车产品售后服务的要求也就越高。汽车生产商要以宏观全局的眼光,从产品面向市场后对服务的整体需要出发,既要考虑对经销商、维修商的服务,又要考虑对用户的服务,还要考虑为本企业产品的进一步发展和拓展市场的需要服务。

良好的售后服务是塑造品牌的重要手段。国内市场上具有代表性的汽车厂商吸取国外汽车厂商的成熟经验,提出了自己的售后服务宗旨和理念,如一汽大众公司,提出了一个新的服务理念"严谨,就是关爱",这是对其之前推出的"用心服务,永久呵护"的服务理念赋予了更专业、更人性化的服务内涵;上汽荣威则提出"尊荣体验";上海别克强调"比你更关心你"服务;上海斯柯达提出"关心车,更关心人"的全方位服务理念。

汽车生产商体系售后服务的主要内容是技术培训、质量保修、配件供应和建立售后服务网络等。综合来讲,技术培训是先导,质量保修是核心,配件供应是关键,网点建设是平台,管理机制是保障,信息技术是手段,形象建设是文化。

4.6.1 售后服务网络的组成

由于汽车产品技术复杂、使用广泛且流动性高,汽车厂商不可能全面完成汽车售后服务工作,其必须建立一个覆盖面广、服务功能完善的售后服务网络,以满足每一个车主的售后服务需求。服务网络的完善,是实现销售的坚实基础和可靠保证。

服务网络由独立经营的汽车经销商特别是 4S 店、特约汽车维修站等共同组成,汽车厂商为网络成员提供技术培训、配件供应、技术指导等相关服务。

1. 汽车经销商

汽车生产企业委托实力雄厚、技术服务能力较强的商家(即汽车经销商,简称4S店),在出售本企业产品的同时也为所售产品提供售后服务,包括质量保修和日后的维修维护等。现在已被广大消费者普遍认可的4S店(即整车销售、配件供应、售后服务和信息反馈)的主要工作内容中有三项都与售后服务有关。

目前我国汽车消费群体中个人消费占主体,4S店在消费者心目中占有主导地位,4S店相对于其他售后服务企业而言,在吸引客户方面有着得天独厚的优势,主要表现在:

(1) 一般情况下,个人消费者都是从4S店购买汽车,如果售前服务做得比较好,和消费者建立了良好的关系,消费者会认可4S店而成为售后服务的好客户。

(2) 生产厂商为其提供原厂配件、专用维修检测设备、专业技术培训和指导等,使其在产品及技术方面具有更强的竞争优势。

(3) 厂家通过各种媒体对其经销商的整体宣传为各4S店做了最好的广告。

虽然4S店在吸引客户方面有一定的优势,但也不能保证客户在免费保修期(通常是3年或10万公里)满后,仍然能够回到本店继续进行售后服务。只有摆正与客户之间的关系,了解客户的实际需求,在此基础上有针对性地进行策划,通过完善经营方法,出台有效措施,不断修炼内功,提升服务品质,尽可能满足顾客的多种需求,才能持续得到客户的理解和信任,才能赢得客户,从而赢得市场,才能在激烈的市场竞争中获胜。

随着关税的降低,车价与国际市场的逐步接轨,私家车所占市场的比例将进一步提高。对众多车主特别是精打细算的私车车主来说,修车必须质量可靠且价格相对便宜,但到目前为止要找到这样的维修店并不很容易。4S店在不降低维修质量的前提下,通过内部挖潜,加强企业管理,降低维修价格,才能进一步提高企业的市场竞争力。

2. 特约汽车服务站

汽车生产厂商委托当地技术力量较强的汽车维修公司为本企业的产品提供维修、技术指导、配件供应等服务,如国外一些著名品牌的汽车厂商与国内汽车维修企业合作,建立特约服务站等,也是汽车售后服务机构中较常见的一种。特约服务站的建立必须与汽车生产厂商签订特约协议书或合同;厂商向维修企业提供维修车型的维修数据、检测维修设备以及相应的技术资料。

特约服务站的维修设备、检测水平和修车质量,一般不低于4S店,对于一些特殊车型,如保时捷、法拉利等跑车,只有特约服务站才能修理,其特殊地位可想而知。特约服务站是具体执行售后服务的基层组织,是汽车厂商售后服务网络的网点。

目前,大多品牌的汽车生产商都在全国开设了呼叫中心和24小时售后服务热线,开辟24小时援助服务的全国统一寻呼网络,实行24小时免费呼叫。这些配套服务与当地的售后服务机构4S店或者特约服务站相结合,很好地满足了用户对售后服务的需求。

4.6.2 售后服务网络建设

由于售后服务网络建设是一项全局性的工作,不可能由经销商或特约维修站自行完成,必须由生产商统筹考虑,全盘布局。依据汽车保有量的大小,尽可能做到覆盖所有客户,可以为客户提供快捷的售后服务;但又不能过密,以保证经销商和维修站的经济利益,避免同业竞争。

随着汽车维修理念向着立等修理、快修、小修、换件修理、总成更换等修理方式的转变,售后服务网点的平均规模趋于缩小,网点密度趋于增加,且要考虑不同规模的网点要合理搭配,以便各司其职、相互协作、相互补充。

1. 售后服务网络网点的布局

布局系指汽车厂商根据全社会对本企业售后服务需求的地理分布及企业今后开拓市场需要,而对服务站进行地理布置和确立组建顺序的工作过程。快速高效的服务需要完善的服务网络,所以建立布局合理、快速高效的服务网络至关重要。要使企业的服务水平具有竞争力,就要在全国范围内建立合理完善的服务网络。布局必须坚持以下原则。

(1) 统一规划、分别建设相统一的原则

首先,汽车厂商必须根据自己市场营销的战略需要,对全售后服务网络做出总体上的战略安排,对未来一定时期内全售后服务网络的规模、功能进行统一规划。其次,由于建立健全的、完善的服务网络需要投入必要的人力、财力和时间,建网工作不能一蹴而就。这时,企业就必须对需要建网的地区、网点排出顺序,分别建设。

(2) 现实需要与市场开拓相统一的原则

售后服务网络既要充分满足现有用户的需要,又要充分满足潜在用户的需要,尤其是汽车厂商准备开拓一个新的目标市场时,售后服务必须首先到位,以解除用户的后顾之忧。此时,要考虑在新的市场地区建立必要的服务网点,但数目不可一时建得太多。

(3) 服务能力与服务地域相统一的原则

服务站的服务能力必须与其服务地域的范围相统一。各服务站的服务地域不可过大,范围过大可能会导致以下情况。

① 给用户造成不便,要么延长了服务时间,要么减少了服务站的服务市场占有率。

② 服务站的服务压力过大,同样会诱发以上后果。

③ 增加服务站上门服务的费用和服务成本,削减服务站的经济效益。

相反,服务地域范围也不可过小,范围过小又会导致以下情况。

① 服务站服务能力闲置,削减服务收入和经济效益。

② 服务站服务规模偏小,不能获得服务规模效益。

③ 所需服务站数目增多,增加了服务网点建设的压力。

因此,汽车厂商必须对服务站的合理密度、服务地域范围、服务站规模做出合理设计。

汽车厂商要根据其市场营销的需要及汽车保有量水平,做好售后服务网点的规划与布局,确定服务网点的规模(服务能力)、数量及其比例关系。对于传统目标市场,由于本企业的汽车保有数量较多,服务网点的数量要多一些,且要考虑不同规模网点的搭配,以便各司其职,相互协作,相互补充,而不是相互恶意竞争。对于企业拟开拓的新型目标市场,服务网点的建设必须先于产品的实际投放,以便支持市场开拓。但由于服务的业务量可能不大,网点的规模不宜太大,数量也不宜过多。

2. 建点依据

在欧洲国家,服务站的数目通常多于经销商的数目。而我国由于种种原因,发展尚不规范,情况正好相反,在一个新的目标市场往往是先有经销商后有服务站,总体来说服务站的数目少于经销商的数目。服务站选点主要考虑的是目标市场保有量、辐射周边城市的能力,同时对发展中的目标市场和主要竞争对手的重点市场加以倾斜。

3. 建站条件

服务站必须具备以下的资质条件才能建站开业。
(1) 具备一定的组织机构条件,一般要求财务独立、维修场地独立,最好组织机构也独立。
(2) 硬件条件。要求具有足够的场地和专业的维修设备。
(3) 服务人员条件。特别是维修技术人员(技工、技师)、质量故障鉴定人员及必要的经营管理人员等数量和资质必须符合汽车厂商的要求。
(4) 服务站应按照生产厂家组织机构图及人员任职管理规定设置组织机构,配备各岗位人员;组织机构及人员任职资格审批表报售后服务部审批。
(5) 服务站应根据本企业情况制定完善的经营管理制度、奖罚条例、操作守则等。
(6) 服务站必须按要求设立独立的专用工具室和资料室,配齐相应的专用工具、仪器和全套的技术及管理资料,届时所订专用工具应全部到货并上挂板。
(7) 服务站外观及接待厅的形象标识系统,如灯箱、站旗、展示板、网络图、指示牌、服务站标识大字等,必须按规定安装完毕。另外还有服务站员工服装应统一订购。
(8) 服务站必须按厂家有关规定订购原厂备件,订货品种、数量参照备件供应部推荐清单,所订备件应全部放入相应备件货架上。
(9) 服务站必须按要求安装生产厂家指定服务站内部计算机管理软件。
(10) 服务站在开业前应在其展厅放置至少一台该品牌展车。
(11) 服务站在申请开业前应进行试运营,以锻炼员工队伍,完善服务管理体系,为正式开业打好基础。
(12) 服务站如有特殊情况,在个别项目上没达到要求,应及时与区域协调员联系,由区域协调员协调解决处理。

4. 建站程序

服务商要进入汽车厂商的售后服务体系,参与售后服务,通常要遵照以下程序。
(1) 申请。社会独立维修店(维修企业)向汽车厂商的地区管理机构提交建站申请书,并接受汽车厂商的大区管理/办事处(汽车厂商在其市场地区设立的销售服务管理分支机构)对其硬件设施进行考察。同时,服务站还需申报一些相关材料,如公司结构、经营规模、股本比例、经营项目、经营历史和业绩、公司内外照片等。

(2) 初审。汽车厂商的网点管理部门根据服务站申报的材料和其分支机构(大区管理/办事处)的考察报告,结合服务网络规划方案,审查其是否符合自己的售后服务网络体系布局发展规划,将符合条件(资质条件满足且所在区域内没有足够的授权服务网点)的服务站定级,并要求服务站在规定时间建设服务站。

(3) 建设。通过初审的服务站应根据汽车厂商的统一标准委托当地设计院进行设计,经厂商的网点管理部门认可后,进行服务场所建筑主体的建设,包括:① 工程规划:服务站的规模与功能、场地规划、业务大厅、修理车间、配件仓库、照明等。② 标记与标识:标识、灯箱、标记牌、色谱、宣传画等。工程规划竣工后,再进行组织与人员的建设和工具与设备建设。轿车厂商一般还要求有计算机管理系统的规划建设。

(4) 审批和签约。建设完毕后,汽车厂商的服务管理总部将再次按照事先确立的验收规范,对服务站进行全面考察、考评和验收,通过后报经售后服务主管领导审批。审批后,由厂商的网点管理部门或大区管理/办事处与验收合格的服务站签订合同书。正式签订合同后,该服务站就成为汽车厂商服务网络的一员(特约服务站),享受相应的权利,履行相应的义务。

汽车厂商在建立新网点时,应严格按照申请、调查、论证、审批的程序建设,避免人为因素干扰,保证网点的成功建设,从而形成售后服务建站管理的科学规范。

5. 网点管理

汽车厂商不仅要注重服务网络的建设,也要注重对整个服务网点的管理,包括对网点进行业务培训、日常管理、定期考核与优化调整等,实施网点的动态管理。

(1) 培训。由于服务站存在的复杂性和功能的复杂性,培训内容应该较宽,可以是产品技术的,或是某一专业技术的,或是经营方面的,也可以是服务站专业人员方面的(质量保修鉴定、财务、配件或配件经营等)。

(2) 日常管理。汽车厂商的地区机构负责协助服务站搞好售后服务工作,监督服务站做好以下方面的工作。

① 以标准价格保养、维修汽车。

② 热情周到地为用户服务。

③ 按时按量地完成各种报表、信息收集与传送。

④ 积极配合汽车厂商的服务宣传、促销活动。

⑤ 保证服务站经营的配件都是由厂商提供或认可的。

(3) 考核。各厂商对服务站的考核项目不尽相同,基本的考核项目主要有以下几点。

① 服务站组织结构:主要考核服务站是否有独立的财务、人员编制和作业场地,人员配置是否达到厂商要求。

② 人员培训和服务站形象建设:主要考核服务站的培训工作是否符合要求,服务站

是否有统一的企业形象、标识、灯箱、宣传画等。

③ 服务站工作环境：主要考核服务站整体布局是否符合厂商要求，出入口设计是否合理，维修车间、工具设备是否标准等。

④ 优质服务：主要考核服务站是否按照业务流程规定的要求服务用户。这一项目通常采用实地观察或秘密考察的方式完成。

⑤ 服务站内部管理：主要考核服务站着装、文具、文档是否符合标准，从业人员是否接受了符合厂商要求的培训和是否有专业资质证明（证书）等。

⑥ 信息反馈与广告宣传：主要考核服务站对质量信息、当地市场信息等信息的反馈是否及时、准确，各类报表完成质量如何。服务站的广告、宣传工作是否符合要求，对统一安排的宣传、优惠活动配合度如何等。

⑦ 配件管理和索赔工作：主要考核服务站配件经营管理水平，服务站索赔工作是否符合规定，数据传递、索赔质量以及旧件的回收保管工作等。

⑧ 档案资料：主要考核服务站档案是否齐全，是否准时上报给厂商。

⑨ 用户调查和访问：主要考核服务站的服务态度、服务水平以及整个服务体系在用户心目中的形象等。这一项目通常采用市场调查法予以考核。

⑩ 环境保护：主要考核服务站的消防灭火设施、绿化、废气排放、废油、废液和处理等是否符合要求。

4.6.3 规范售后服务流程

网络是提供售后服务的平台，生产商既要重视平台的建设，更要重视成员的管理。网络内规范而统一的服务模式，有利于管理各成员的服务水平，也更容易赢得客户的信赖。

1. 建立并管理好客户档案

（1）针对客户建立档案

建立客户档案就是对车主有关信息及其车的使用维护信息加以收集、整理、登记，对变动情况进行记载。

如果客户是单位，客户档案除了包括联系人的姓名、公司地址、邮政编码、通信地址、联系电话等基本信息外，还应包括法人姓名、注册资金、生产经营范围、经营状况、信用状况、与企业建立关系的年月往来银行、历年交易记录、联系记录等；如果客户是个人，客户档案应包括客户姓名、年龄、性别、住址、邮政编码、通信地址、E-mail、联系电话、车辆保险日期等个人基本资料。

对每一辆车也应建立技术档案，档案包括购车时间、车架号（VIN代号）、车身颜色、车牌号；首次维护的时间、里程及车况；主要维护维修的时间、内容、车辆运行状况；下次汽车服务的内容等。

（2）档案管理

档案管理必须做到以下几点。

① 档案内容必须完整准确。

② 档案内容必须随时更新。

③ 档案的查阅、改动必须遵守有关规章制度。

④ 确保档案内容的保密性。

建立客户档案的同时,还可以针对各型号汽车行驶中出现的各种问题建立内部技术档案,并定期将这些档案信息反馈给汽车生产厂商。生产商可以快速了解汽车在使用过程中产生的各种问题,以便在设计和制造环节进行改进升级。

(3) 建立客户档案的作用

建立客户档案主要有以下几点作用。

① 便于与客户联系,了解客户需求,解决客户的问题。

② 便于客户管理,当客户再次上门时,只要报出车主姓名或车牌号码,就能迅速调出客户档案,可以省去很多了解车况的时间,对消费者来说一方面感到被重视,容易对企业产生亲切感,另一方面也感到放心。

③ 便于查询每辆车的维修维护信息,通过提醒服务,确保每辆车都得到及时有效的维护与维修。

④ 对于维修后的车辆一旦出现维修质量问题,可以迅速查明原因,并采取相应补救措施。

⑤ 如果维修以后出现的问题与企业的维修无关,也便于通过档案的查询向客户解释。

⑥ 便于企业实现规范化管理。

⑦ 便于维修数据的积累和保存,可以为配件的供应提供信息,也可以更好地向生产厂商反馈维修信息。

2. 经常主动与客户沟通

与客户沟通时应遵循以下几点原则。

(1) 注意先倾听客户的想法和要求,允许他们尽情发泄,不要随意打断顾客。

(2) 迅速对客户的要求总结分析,并反馈给用户,征求用户的意见,确认对用户的要求理解无误。

(3) 对于能够马上解决或回复的问题及时解决,对于一些难点问题或用户的不合理要求以委婉的态度先予以答复,然后请示公司的有关负责人,尽快予以妥善解决。

为了保持良好的客户关系,可以采用登门拜访、电话联系、书信联系、提供免费服务项目和赠送小礼品等方式主动与客户取得联系。服务人员可以找出很多理由去访问客户,如对汽车的正确使用、维护进行现场指导,了解产品使用情况,了解顾客意见等。也可以主动给客户打电话,征求客户在产品使用过程中遇到的问题;当客户的维护日期临近时,可以主动打电话提醒;节日或顾客生日时,可以向顾客邮寄贺卡,或赠送印有本企业名称的挂历或精美的宣传册等。有些汽车经销商还在国庆节或春节长假前为用户提供免费的汽车维护和检查,并以此为契机,招揽顾客,借此机会与顾客沟通。

3. 处理好与用户的关系

汽车经销商及特约维修商每天都在与客户直接接触,与客户关系的好坏直接关系到汽车生产商的利益,更关系到经销商和维修商的切身利益。关系处理得好,既满足了客户的需求,也会为企业带来经济收益;关系处理不当,则会失去客户,甚至带来不必要的麻烦。

接待客户的场所接待的程序和态度、接待客户过程中的一言一行和一举一动都直接关系到与客户的关系,相当多的客户会由于售后服务人员冷淡的服务态度而更换维修商。所以,在员工上岗之前,都应进行接待客户的培训,以便在工作中赢得顾客的好感,争取更多的客户。

4. 提高服务能力

服务的能力可以体现在接待客户的能力、维修服务的技术能力、市场竞争的价格优势、配件的供应能力等多方面。维修服务一方面要解决处理好车的问题,另一方面还要通过一系列服务促进顾客关系。服务能力越强,顾客就越信赖企业,市场差异化就越容易实现。售后服务是汽车产品的一部分,优秀的服务会增加产品的附加值,赢得客户,击败对手。

5. 组建汽车俱乐部

现在有不少品牌都建立了自己的汽车俱乐部,这是宣传品牌、集中进行售后服务的最佳场所。企业可以经常主动组织一些活动,如开展汽车使用技巧讲座、换季维护讲座、汽车美容护理讲座等系列讲座;长假期间组织俱乐部成员郊游或跨省远游,春季开展植树活动,夏季到山区或远郊度假村避暑,秋季组织爬山或采摘活动,冬季组织赏雪和滑雪等,这些活动可以从情感上拉近与消费者的距离,也是消费者之间相互沟通交流的最好机会,消费者亲朋好友的参与又扩大了品牌的宣传,从而赢得更多的客户。

6. 规范售后服务

售后服务的质量可以以服务的规范化程度来衡量,规范的服务可以使全过程的服务质量受到控制,服务越规范、每道程序的工作内容越明确到位,可操作性和可衡量性越好,服务质量就越高。目前,4S店和特约维修站的维修服务过程基本可分为七个环节:预约→准备工作→接车/制单→修理/进行工作→质检/内部交车→交车/结账→跟踪。每一个环节都有相应的标准工作内容及要求。

(1) 预约

客户可提前24小时通过电话即可与授权服务店进行预约服务,并在预约时描述清楚到站的原因。

受理客户提出预约维修请求,经客户同意后,办理预约手续。预约时间要写明确,需要准备价值较高的配件量。预约决定后,要填写"预约统计表";要于当日内通知车间主管,以利到时留出工位。预约时间临近时,应提前半天或一天,通知客户预约时间,以免遗忘。

受理预约后,应立即做成维修管理卡,把它贴在维修进度看板上。

目前,还有相当多的用户不习惯预约,结果造成维修部门要么没活干,要么因用户过多出现排队现象。可以通过不同的方式培养客户的预约习惯,如售后服务部门做好宣传工作,主动向用户解释预约的好处,或者对客户的预约行为进行奖励。

(2) 准备工作

了解要进行的项目,提前准备即将用到的设备、配件等必需品。

(3) 接车/制单

精确的派工单信息和有效的维修过程管理为客户满意度做出贡献。有效的派工单写法是达到"一次修复"的基础。

(4) 修理

① 服务顾问与车间主管交接。

② 车间主管向班组长派工。

③ 实施维修作业。

④ 作业过程中存在问题。

a. 作业进度发生变化时,维修技师必须及时报告车间主管及服务顾问,以便服务顾问及时与顾客联系,取得顾客谅解或认可。

b. 作业项目发生变化时,追加维修项目处理。

⑤ 查询工作进度。

业务部根据生产进展定时向车间询问维修任务完成情况,询问时间一般定在维修预计工期进行到70%至80%的时候。询问完工时间、维修有无异常。如有异常应立即采取应急措施,尽可能不拖延工期。

⑥ 通知接车。

做好相应交车准备,业务人员要对车做最后一次清理;清洗、清理车厢内部,查看外观是否正常。

(5) 质检

① 发现作业有误,必须及时反馈给维修接待,再安排返修。如因返修推迟交车时间,应与客户联系取得谅解。

② 返修后,必须重新检查。检查后,应在接车派工单上签字,送主管人员处理。

(6) 交车

交车包括:交车前准备,交车过程,维修项目和费用解释,引导结算,送行。

(7) 跟踪服务

根据档案资料,业务人员定期向客户进行电话跟踪服务。跟踪服务的第一次时间一般选定在客户车辆出厂两天至一周之内。跟踪服务内容:询问客户车辆使用情况,对公司服务的评价,告知对方有关驾驶与保养的知识,或有针对性地提出合理使用的建议,提醒下次保养时间,欢迎保持联系,介绍公司新近服务的新内容、新设备、新技术,告之公司免费优惠客户的服务活动。做好跟踪服务的记录和统计。

7. 为用户提供最新的资料

汽车售出后,用户出于某些理由,常常希望了解所购产品的动态资料,经销商可以满足这一服务需求。经销商及时将车辆销售量、价格变动、配件供应、产品升级、维护维修新技术、用户使用情况信息通报、本品牌汽车在二手车市场的行情、停产信息等资料提供给客户,将会使客户感到踏实,也能对产品起到间接宣传作用。经销商可以通过流媒体的形式,定期向客户的微信、微博推送最新消息,这种形式可以最大程度保证信息的时效性,有效拉近与客户的距离。

4.6.4 技术培训

汽车产业是一个技术含量很高的产业,汽车售后服务工作必然会涉及很多技术环节。因而,一般情况下会由公司的专门售后服务部门对下设的售后服务网点的工作人员进行统一的技术培训,再由后者面向顾客进行实际的操作。技术培训不仅包括对用户的技术指导、使用训练、咨询解答,更重要的是要对全售后服务网络网点进行各种技术的培训。技术培训是售后服务的先导,任何一个企业或产品的售后服务都必须从技术培训开始。

1. 用户培训

用户培训主要集中于销售环节。对于社会已经熟悉的汽车产品,由于用户已经具有汽车使用知识,用户培训一般较为简单。通常情况下,用户提车时经销商会要求将新车开到服务站进行交车前的全面检查,此时可以根据用户的具体情况进行一些有针对性的简单培训,如:检查用户的技术资料是否交付完整(通常包括产品使用说明书、配件目录、维修手册、挂图、服务指南等材料)讲解售后服务相关政策、合理科学使用汽车的经验、简易故障及其排除方法等,这类培训可分散进行。

2. 服务网络的培训

服务网络(网点)的培训,是汽车厂商售后服务总部所要培训的主要对象,通常是以服务站的技术骨干为主。对他们的培训,内容上通常要深一些、广一些,以帮助服务站形成能够排除各种使用故障的能力。

对服务站的培训,主要内容如下:

(1) 汽车结构及其技术内容;

(2) 常见故障、典型故障和突发的故障现象、形成机理及其排除方法;

(3) 新产品的技术培训,做到"先培训、后投放";

(4) 汽车厂商售后服务尤其质量保修的管理政策和业务流程;

(5) 其他内容,如服务站的经营管理、大型促销(服务)活动的准备等。

4.6.5 质量保修

汽车质量保修的目的在于维护消费者合法权益与促进生产商制造质量的不断提升。汽车销售商必须在交付车辆的同时,向顾客说明其保修制度及适用条件。即使是处于保修期限内的车辆也可能出现不能享受保修的情况,如某些由于用户使用或保养方法不当而造成的问题。因此,保修制度不仅是能否免费修理车辆的问题,更具有促使用户安全、正确使用车辆的重要意义。生产商会非常重视保修期内出现的质量问题,积极寻找原因、研究对策,以提升产品质量。

质量保修是售后服务工作主要部分,是售后服务的意义所在。质量保修工作的好坏,对企业形象、企业声誉具有重要的影响。

质量保修的工作内容主要有两点:一是质量保修规范的制定;二是质量信息的分析处理。

1. 质量保修规范的制定

制定质量保修规范,包括制定整车(零部件)的保修里程或保修时间,制定质量故障的受理、鉴定和赔偿程序,即质量保修流程。

保修里程或保修时间要符合国家质检总局于2013年10月发布的《家用汽车产品修理、更换、退货责任规定》规章规定。

有的公司或有的产品还针对不同的零部件给予不同的保修规定,例如对发动机的保修规定就与底盘零件的保修规定不同。此外,有的零部件因属于配套件,供应商也有他们的质量保修规定。质量保修规定的制定,是汽车(零部件)厂商依据其生产质量控制水平、产品使用故障规律、有关法律法规或技术标准规定,并参照行业内同类产品的质量保修规定等因素,综合确定的。需要说明的是,汽车厂商在确定质量保修里程或时间时,应充分考虑用户的利益及市场竞争的需要,目前经常有汽车用户对某些厂商偏低的质量保修规定予以指责。

关于汽车产品质量赔偿的工作流程,一般如图4-1所示。用户在质量保修期限内出现产品故障时,首先向当地或就近的厂商特约服务站(售后服务网点)提出质量故障鉴定或赔偿要求,服务站无条件地受理用户的请求,然后进行质量故障鉴定,确定故障责任和是否进行赔偿,并处理与用户的意见分歧。如果属于产品质量故障,则进行免费换件,也不收取工时费用(劳务费用),否则进行有偿的维修服务。服务站负责回收质量保修更换下来的旧件,填写有关质量保修表格材料,建立车辆质量保修档案,并将旧件和有关证明材料寄送给汽车厂商售后服务的理赔部门。理赔部门依据旧件和有关证明材料,对质量故障进行再鉴定,确定是质量问题,对服务站的正确赔付,则转入结算程序,将配件金额及工时劳务费用打入服务站的账户;确定不是质量问题,服务站赔付错误,则不予结算,其损失由服务站自理。如果发生质量故障的零部件属于配套件(采购件),那么厂商的理赔部门再向供应商进行二次索赔,其程序与上述过程相似。如果发生质量故障的零部件属于自制件,质量赔偿工作结束。

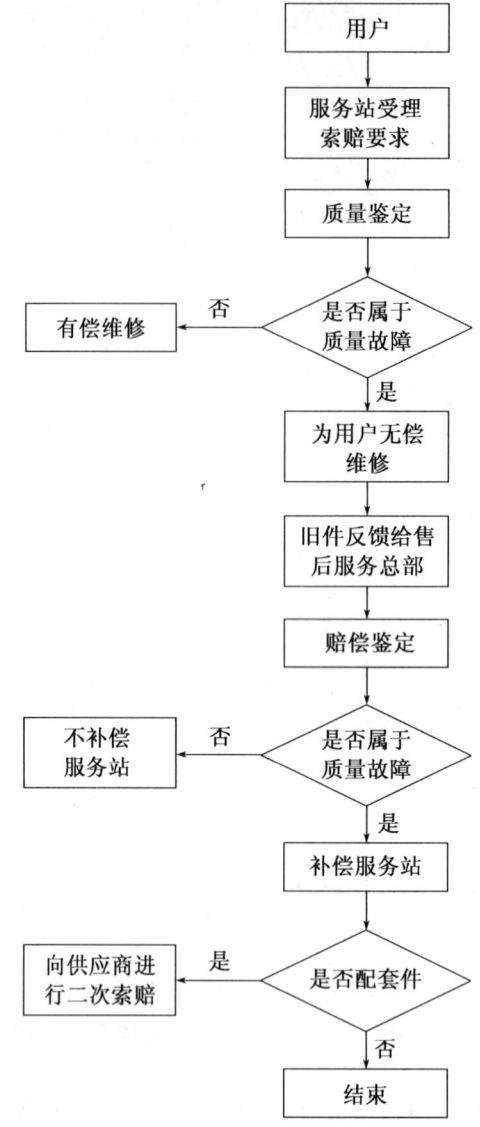

图 4-1 汽车产品质量赔偿工作流程图

通过上述流程,完成汽车产品质量保修工作。质量保修工作的主体是生产商,服务站作为生产商的代表,负责与用户沟通并实施修复,生产商承担质量保修过程中产生的各种费用。

服务站的售后服务作业,除了质量保修外,还包括对用户的有偿服务和受厂商委托的活动服务。前者系指为用户进行的质量保修范围以外的维修、保养等服务,这类服务要向用户收取相关的服务费用;后者系指由于厂商或服务站通过开展宣传活动,给用户提供额外利益的免费服务(不属于质量保修的概念范畴)。

2. 质量保修信息的分析处理

质量保修为企业收集、分析和研究自己的产品质量状况,了解质量变化动态提供了最有说服力的素材。当今的汽车厂商都十分注重通过质量保修工作收集、整理其产品质量信息,并使用计算机手段对质量保修信息进行分析、加工和利用,以便掌握产品的质量动态。汽车厂商要想获得高质量的信息,必须要有规范的信息载体,收集完整的信息内容。通常可以以质量赔偿鉴定单和重要质量信息反馈单作为信息载体。而信息内容一般应包括汽车型号、底盘号、发动机号、生产日期、销售日期、用户使用性质(是否是专业的运输机构、是否带拖挂、是否自用等)、驾驶员的年龄与文化程度、发生故障时已行驶里程、当时的工作状况(载荷、车速等)、发生故障的地点及地形(道路)特征、故障发生的日期、故障总成及其生产序号、故障零部件的生产厂家、故障状态、故障编码、造成故障的原因(机加工、热处理、铸造、设计、装机等)、使用责任单位、质量故障赔偿金额及故障排除费用(含总成或零部件的价值金额、工时劳务费、辅料费、救急费、差旅费等)、服务站鉴定员对故障的判断分析和处理方法、用户对故障的意见等。这些信息要作为车辆质量保修档案进行管理,通常应保存数年的时间,并借助计算机进行管理。

通过质量保修计算机管理系统,对质量信息的分析处理可做如下的常规统计分析。

(1) 汽车厂商历年单车平均赔偿金额(元/辆)。其计算方法是厂商在当年质量保修赔偿的总金额(元)除以厂商当年的汽车总销售量(辆)。需说明的是,这个指标是我国汽车行业过去的传统统计项目,现在有弱化的趋势。过去该指标通常控制在8元以内(是质量水平的目标,而不是赔偿限额)。

(2) 汽车厂商历年百车赔偿率(%)。其计算方法是用厂商在当年质量保修赔偿的总车辆数(辆)除以厂商当年的汽车总销售量(辆)。这个指标是国内外汽车厂商重要的统计项目,其控制目标通常在6%以内。

(3) 主要质量故障发生频次历年对比。但不一定表明百车发生的频率或频次也高。

(4) 历年各个质量责任单位质量赔偿发生频次(次)和金额(元)。系数按各个质量责任单位分别统计的质量赔偿的频次数(次)和赔偿的金额数(元)。

(5) 各大总成发生的质量赔偿频次占总频次的比例(%)。系指按汽车结构的各大总成分别统计的质量故障发生的赔偿频次数占总赔偿频次数的比例。如果同时列出数年的饼分图,则可以比较某一总成的质量变化情况。

(6) 某一重要质量故障按生产月份发生的频次分布。系指某种质量故障按生产月份发生的赔偿频次的分布,此项统计主要用于检查不同的生产月份,发生同类质量故障的情况,然后找出在该月引发质量故障的原因。

(7) 某一重要质量故障按生产序号发生的频次分布。系指某种质量故障按生产序号发生的赔偿频次的分布,此项统计主要用于检查新产品生产初期的生产质量情况,监视某种质量故障是否由高到低,直至趋于稳定或消失。

(8) 某一重要质量故障按汽车行驶里程发生的频次分布。系指某种质量故障按汽车行驶里程发生的赔偿频次的统计分布。该项统计反映了某一质量故障与行驶里程的变化关系,可以用于研究汽车的可靠性以及进行故障预测。

(9) 按故障原因发生的赔偿频次(次)。系指某种质量故障按汽车生产环节(故障导致原因)发生的赔偿频次,该项统计可以用于研究某一质量故障的产生机理(原因),找出质量控制的关键环节。

（10）按产品使用地域统计的赔偿频次（次）。系指某种质量故障按产品使用地区发生的赔偿频次分布，该项统计可以用于研究某一质量故障与使用地区的分布变化，找出其地域特点的关系，从而使得供应商可以针对地区特点投放不同的产品品种。

（11）故障总频次与汽车行驶里程的分布。系指某一行驶里程所发生的全部故障赔偿频次的总和，该项统计反映了各个行驶里程所对应的全部故障频次总数，可以用于研究总体质量故障与里程的变化关系。

（12）3 000 km 范围内故障频次与汽车行驶里程的关系。此项统计是对前一统计的细化，主要研究 3 000 km 范围内的质量故障频次与行驶里程的变化关系，当然，还可以进行更多的统计分析，充分利用质量保修信息，尽量挖掘信息价值是目前质量保修工作的发展方向，通过统计分析，得出一系列的有益信息，对于生产实践和改进企业的质量工作具有直接意义。

4.6.6 备件供应

汽车售后配件也称为汽车备件，是指构成汽车整体的各单元及服务于汽车的产品，主要包括发动机备件、传动系备件、制动系备件、转向系备件、行驶系备件、电器仪表系备件、车身及附件、汽车灯具、汽车外饰、汽车内饰、汽车维护工具、防护保养品等。汽车售后备件品种众多，替换关系复杂，车型年代跨度大。对于汽车备件的管理不论是整车厂、供应商还是经销商都是一个挑战，所以，做好售后备件的供应成为一个汽车企业的一项重要和艰巨的任务，也成为汽车企业不断探索和追求的目标。

汽车零部件供应在售后服务中，具有决定性作用，它是售后服务工作的关键，没有良好的准备就无法保证售后服务的质量。另外，汽车配件已经日益体现出它对于汽车厂商的经济价值，这一点在国际上已得到公认。配件供应有两种职能：一是为维持本企业汽车正常运转提供硬件保障；二是汽车厂商以配件让利形式，通过支持其服务站开展配件经营，取得经济效益。配件供应的工作内容主要包括：确立合适的配件经营机制，做好配件的仓储作业，基于配件需求的科学预测、现代仓储管理技术，配件供应工作的现代化等。

做好配件需求的科学预测，合理储存各种配件的数量，包括车型停产后社会在用车辆继续需要的配件的储存。充足的配件供应能给用户以安全感和亲切感，对开拓和巩固市场无疑起到促进作用，但配件的储存数量也不是越大越好，储存过多会导致配件功能失效，而且会增加企业的流动资金占用，增加存储费用，不利于节约营销成本。因而企业应当追求合理的经济储备，做到既满足社会对配件的需要，又节约仓储费用。这就不能离开配件的科学预测，为此企业要积累各地区在用汽车的车辆数、地区使用特点、汽车行驶平均里程、各种配件的历史消耗等资料，采用科学的预测方法，认真测算各种配件的合理存储规模。要做好这些工作应当越来越容易，因为现代计算机技术和数据库技术的应用日益深入和普及，各种配件的历史数据很容易记录和进行统计分析。

为了做好配件需求的科学预测，建立一定的数学模型，进行定量预测是必要的。目前，定量预测的数学方法很多，可以找到预测效果较好的模型。通常，厂商可以依据某种车型的某种零件100车的年消耗量,根据其车型的社会保有量和平均车况,采用趋势外推法进行简单的数学测算,也可以按配件部门历年的某种配件的实际供应量,采取移动平均法进行测算,这些简单的数学方法一般可以满足配件预测的要求。这些预测数据,既是汽车厂商配件年度供应计划的依据,又是售后服务网络开展配件经营的依据。

引入计算机技术、数据库技术、信息识别技术、通信技术及互联网技术等现代信息技术手段,实现仓储业务作业和管理的现代化。抓好配件的经营管理及分析研究相应的营销策略,理顺从配件计划、订货、采购、接收、入库、质检、仓储、定价、合同、发货、运送到交付等环节的关系,力求提高效率,降低成本,促进周转,方便用户,更好地服务于整车市场是汽车厂商在配件工作上的目标。但由于配件品种极其复杂,需求差异较大,信息处理量极大,不采用以上现代科技手段几乎难以完成任务。现代汽车厂商配件营销已全部采用计算机管理,管理覆盖范围包括计划、合同、采购、进货、出库、发票、结算、市场分析、用户管理,总库与分库全部联网管理等。与此同时,现代通信如程控电话、传真、网络传输等技术,信息识别如条形码技术、防伪技术等的运用,都可以为做好配件经营服务。

4.7 其他汽车售后服务商

目前,汽车生产商体系提供的售后服务占据了大部分的售后服务市场。其他形式的汽车售后服务方式也在不断地发展中。

(1) 传统大中型维修企业

这种企业存在的时间比较长,厂房面积大,设备多,维修人员经验丰富;投资成本高;服务收费高,服务意识差;机制不够灵活;有一大批公司政府顾客,和保险公司通常有较好的合作关系。

(2) 路边店

路边店的规模小,整体形象差,但地理位置往往方便停车保养维修;占地少投资低,多为临时经营性质;人员少,且素质低,技术水平落后;产品来源无法确认,维修质量难以保证;收费低,常规服务时间快。

(3) 专项维修店

专项维修店都有至少一项技术专长,形象不错,服务快捷;投资低,场地及人员要求不高;专项维修技术高;专项服务规范化,系统化,质量有保证;服务项目比较单一。

(4) 快修连锁店

快修连锁店是这几年才开始在国内兴起的,依托强势品牌,形象好;连锁企业网点多,且靠近车主活动区域;投资适中,人员及场地的要求一般;通常有统一服务和收费规范、服务质量的承诺;企业也存在维修水平良莠不齐的现象。

习 题

1. 国内外汽车售后服务的模式和发展趋势如何?
2. 试分析国内汽车售后服务存在的问题及发展方向。
3. 简述汽车售后服务的作用和内容。
4. 简述国内汽车售后服务存在的问题及发展方向?
5. 汽车召回与汽车"三包"的区别有哪些?
6. 简述汽车售后服务对汽车销售的重要意义。

第 5 章 汽车维修服务

5.1 汽车维修概念与分类

汽车维修是指为了保持或恢复汽车在其规定的技术状态所进行的全部活动,汽车维修的对象是汽车,它包括汽车维护、汽车修理和汽车检测几个方面。维修可以使汽车持续保持其安全性、可靠性,延长使用寿命。

汽车维护是保持车容整洁,及时发现和消除故障及其隐患,防止汽车早期损坏的技术作业。

通常在汽车设计阶段就要考虑汽车各个功能或零部件的使用寿命,即从设计上保证该功能或零件的使用时间,但有时汽车在使用中还是会出现故障。此外,汽车在使用过程中也易发生意外损坏,为了恢复汽车的正常使用,需要进行维修,这种情形下的维修工作称为汽车修理。

汽车检测是对汽车技术状况用定量或定性的标准进行评价,是确定汽车技术状况或工作能力的检查。汽车检测的对象是对无故障汽车进行性能测试,其目的是确定汽车整体技术状况或工作能力,检验汽车技术状态与标准值的相差程度,保障汽车行驶安全及防止公害。

5.2 汽车维护

5.2.1 汽车维护制度

1990 年,原交通部颁布了《汽车运输业车辆技术管理规定》,对于加强道路运输车辆技术管理,保持车辆技术状况良好,促进道路运输安全及节能减排,保障道路运输业健康可持续发展发挥了重要作用。2004 年,国务院颁布施行《中华人民共和国道路运输条例》,原交通部及时组织出台了与其相配套的旅客运输、货物运输、危险货物运输、机动车驾驶培训、机动车维修、从业人员管理等一系列部门规章,构筑了道路运输法规体系。可是,在车辆技术管理方面,一直沿用《汽车运输业车辆技术管理规定》和《道路运输车辆维护管理规定》,随着我国社会主义法治建设的推进,原有的车辆技术管理制度设计明显滞后于时代发展。因此,需要对原有的车辆技术管理规定进行全面梳理,汲取发达国家车辆分类管理经验,重新确定车辆技术管理的原则、方针,制定道路运输车辆技术准入、维护、检测、监督政策措施。

在此背景下,《道路运输车辆技术管理规定》经 2016 年 1 月 14 日交通运输部第 1 次部务会议通过,2016 年 1 月 22 中华人民共和国交通运输部令 2016 年第 1 号公布。该《规定》分总则、车辆基本技术条件、技术管理的一般要求、车辆维护与修理、车辆检测管理、监督检查、法律责任,自 2016 年 3 月 1 日起施行。原交通部发布的《汽车运输业车辆技术管理规定》和《道路运输车辆维护管理规定》予以废止。

《道路运输车辆技术管理规定》里要求道路运输经营者应当建立车辆维护制度。车辆维护分为日常维护、一级维护和二级维护。日常维护由驾驶员实施,一级维护和二级维护由道路运输经营者组织实施,并做好记录。车辆维护作业项目应当按照《汽车维护、检测、诊断技术规范》要求确定。

5.2.2 维护作业内容

所谓汽车维护,是指为维持汽车完好技术状况或工作能力而进行的技术作业。其作业内容包括清洁、补给、润滑、紧固、检查、调整以及发现和消除汽车运行故障,其目的:

① 使车辆经常保持良好的技术状况,随时可以出车,不致因中途故障而影响行车安全;

② 降低车辆使用过程中的运行材料消耗如燃料、润滑油、轮胎及配件等;

③ 通过维护使汽车各总成的技术状况保持良好,以尽量延长汽车大修间隔里程。

1. 日常维护

汽车的日常维护是指汽车用户在每日出车前、行车中、收车后的例行性维护作业,故也称为例行维护、每日维护或行车三核制。汽车的每日维护不仅是驾驶员爱护车辆的重要内容,而且也是各级技术维护作业的基础。为此,售后维修服务人员须告知汽车用户必须管理和用好自己所驾驶的车辆,并做好车辆的日常维护。其主要作业内容有出车前检查并添加机油、燃料、冷却水;启动检查发动机和仪表工作情况,检查电器系统工作情况;检查传动系工作情况及连接情况;检查制动系及转向系工作情况及连接情况;检查行驶系工作情况,紧固轮胎、半轴、铜板弹簧等的连接螺栓;检查轮胎气压;检查人员乘坐和物资装载及拖挂连接情况,检查发动机及底盘各部有无漏水、漏油、漏气、漏电现象。

2. 汽车一级维护

一级维护的主要内容包括各总成和连接件的紧固、主要总成和部件的润滑,以及在外部检查时进行的一些必要的调整作业,由专业维修工完成该项工作。

一级维护的时机一般按汽车生产厂家推荐或规定的行驶里程或使用时间进行。一级维护的间隔里程为 7 500~15 000 km 或 6 个月,以行驶里程或使用时间先达到为准。一级维护实际上也归入了"首次维护保养"范畴。

一级维护中检查重点是发动机、变速器、制动系统、动力转向系统和差速器的油量,以及冷却系统、清洗液、蓄电池的液面高度,不足时予以补充,要按规定向运动节点加注润滑脂,对外露部分的连接件要进行检查并紧固。

3. 汽车二级维护

汽车经过一段较长时间的使用(约 30 000 km 或 12 个月)后,必须进行全面的检查和调整,以保证安全性、动力性和经济性能达到使用要求,这就是二级维护,它是一次较为彻底的技术维护作业。

二级维护除执行一级维护作业外,以检查、调整为中心,对行驶一定里程的车辆进行一次较深入的技术状况检查和调整,要求拆检轮胎,进行轮胎换位。其目的是为保持车辆在以后较长运行时间内,能保持良好的运行性能。二级维护的作业项目较多,除执行一些维护的全部作业外,还必须消除一些维护作业中发现的故障和隐患,需要有一定的作业时间。所以三级维护需占用车辆的一定运行时间。在对汽车进行二级维护前,必须对车辆进行检测诊断和技术鉴定,以便确定附加作业或小修项目,结合二级维护一并进行。二级维护也由专业维修工完成该项工作。

在维护中,由于各种车辆结构不同,制造质量的差别,使用情况的不同,其维护项目和要求也不相同。所以,维护作业应参照制造厂方的规定安排进行,以免造成不必要的浪费和机件的损坏。

汽车二级维护是以检查和调整为中心,除执行一级维护作业外,还需要更换"三滤"(即机油滤清器、燃油滤清器和空气滤清器)检查和调整发动机、制动系统和电气设备,进行轮胎换位等。这部分工作比较专业,一般都由专业维修工进行。

5.3 汽车修理

汽车修理是为了恢复汽车完好技术状况、工作能力和延长使用寿命而进行的作业。按作业范围可以分为车辆大修、总成大修、车辆小修和零件修理;按作业的过程可以分为故障诊断和故障排除。

5.3.1 作业范围分类

1. 汽车大修

汽车大修是指新车或经过大修的汽车行驶一定里程后,经过技术检测、鉴定,需用修理或更换零件的方法恢复其良好的技术状况,使之完全和接近完全恢复汽车技术性能的恢复性修理。汽车大修时,需对汽车全部总成解体,并对全部零件进行清洗和检验分类,更换不可修复零件,修复可修件,按大修技术标准进行装配和调试,以达到全面恢复汽车技术性能的目的。

2. 总成大修

总成大修是指汽车总成经一定行驶里程后,其基础件或主要零件出现破损、磨损和变形等,需要拆散进行彻底的修理,以恢复其技术性能的修理作业。通过总成大修,使汽车各总成的工作寿命趋于平衡,延长汽车大修间隔里程。

3. 汽车小修

汽车小修是一种运行性修理,它包括排除汽车在运行中临时发生的故障、维护作业中发现的隐患,以及更换或修理个别零件的修理方法。对于有规律的损伤(如清除积炭、换活塞环、研磨气门等),可作为计划性小修,结合各级维护作业进行。汽车小修时,不应扩大修理范围,并在保证汽车技术性能和行车安全的前提下,尽量利用修复旧件,以降低修理费用。

4. 零件修理

零件修理是对已发生损伤、变形、磨损和腐蚀的零件(无法修复件除外),在符合经济原则的前提下利用矫正、喷镀、电镀、堆焊、机械加工等修复方法进行修复,以恢复其原件的使用性能。

5.3.2 作业过程分类

1. 汽车故障诊断

汽车故障诊断是现代汽车维修最核心、最敏感的工作。汽车故障诊断之所以困难主要体现在两个方面:一是现代汽车为了提高动力性、经济性、舒适性、安全性和环境保护性能,采用了许多新技术、新结构,特别是电子技术和计算机在汽车上的广泛应用,使汽车构造相对复杂;二是导致汽车故障的因素很多,有的甚至达几十种(如发动机怠速不良的产生原因就有二三十种),而且涉及面相当广,可能涉及点火系、供给系、发动机的电子控制和机械部分。这些因素有时是单一的,有时是综合交替地起作用,因而要做到准确而迅速地诊断故障比较困难。这就要求诊断人员不仅要熟悉汽车构造及其工作原理,而且要掌握一定的诊断方法,方法越多,解决问题的能力越强。汽车故障诊断方法有很多,主要有以下几种。

(1) 人工经验法

人工经验诊断即直观诊断,其特点是不需要很多设备,在任何场合都可进行,诊断的准确率在很大程度上取决于诊断人员的技术水平。汽车使用面广、量大、分散,较适宜于采用此诊断法。如观察发动机尾气颜色,燃料燃烧不完全时尾气为黑色,气缸上窜机油时尾气呈蓝色,油中渗水时尾气呈白色等。

人工经验诊断常用的方法包括观察法、试验法、模拟法、听觉法、触觉法、嗅觉法、替换法、度量法、分段排查法、局部拆卸法、结构分析法及排序分析法等。

(2) 故障树(FTA)法

故障树法是把故障作为一种事件,按其故障原因进行逻辑运算分析,绘出树枝图。树枝图中,每下一级事件都是上一级事件的原因,而上一级事件是下一级事件引起的结果。

(3) 故障症状关联表

故障症状关联表描述故障症状和故障部位之间的关系,通常用关联表表示。表中的行标明故障症状,列标明相关部件或子系统。当相互关联时,在对应的交叉点做标记;如果资料完整,也可以用1,2,3,4,……标出其检查顺序,其中1表示可能性最大的原因,2表示次之,以此类推。

(4) 普通仪器设备诊断

普通仪器设备诊断是采用专用测量仪器、设备对汽车的某一部位进行技术检测,将测量结果与标准数据进行比较,从而诊断汽车的技术状况,确定故障原因。如万用表、四轮定位仪、灯光检验仪、发动机尾气分析仪、车轮平衡仪、气缸压力表等。

(5) 汽车电脑专用诊断设备

汽车电脑专用诊断设备主要用于本公司生产的车系。如大众公司的V.A.G1551及V.A.G1552、通用公司的GM Tech-2、本田公司的PGM、雪铁龙公司的FLIT等。它们不但能读取各系统的故障代码,而且还具备执行元件诊断、部件基本设定与匹配及阅读测量运行数据、清除故障代码等功能。

(6) 汽车电脑通用诊断设备

汽车电脑通用诊断设备(如元征X431、车博士、修车王等)把故障诊断的逻辑步骤及判断数据编成程序,由计算机执行各车系的诊断过程。采用触摸式液晶显示器、微型打印机和可外接键盘,用户操作方便,还可网上升级,对电控系统具有诊断功能。

(7) 汽车电脑自诊断系统

一般汽车电脑都含有自诊断系统,即随车诊断(on-board diagnostics, OBD)系统,汽车电控系统具有实时监视、储存故障码及交互式通信等功能。为了读取和显示故障,电控系统装备有故障警告灯和诊断接头。如有故障,仪表板上的发动机警告灯"CHECK"亮起,通知驾驶员汽车存在故障。诊断接头用于触发自诊断系统,系统进入自诊断后,即可通过故障指示灯的闪烁次数读取故障代码。在部分高级轿车上采用数字或语言形式直接显示故障代码。

(8) 计算机专家系统

计算机技术和汽车维修技术相结合形成计算机专家系统,它为汽车维修人员提供各种重要信息,如汽车的结构原理、维修手册、维修资料等。系统软件是计算机专家系统的核心,它由管理程序和数据库组成。管理程序的主要任务是接收维修人员从键盘输入的信息,在屏幕上显示所需要的汽车维修资料,数据库将所有维修资料以文件的形式存储在硬盘中,供管理程序调用。有的计算机专家系统还采用图形显示,图文并茂,显示直观明了,便于维修人员按图进行检修。

(9) 远距离故障诊断系统

将汽车运行状态数据通过电子通信系统和网络传输到专业技术服务点,实现专家与汽车用户的信息交流,对汽车进行远程监测和诊断以及及时、快速的远程技术指导服务。

目前,国内外汽车监控系统在通信方面基本上采用GPS系统,并大体分两种模式:一种是GPS与集群(trunked radio)系统相结合的模式,另一种是GPS与公用数字移动通信网 GSM 或 GPS 与卫星网相组合的模式。

2. 汽车故障排除

当汽车故障原因被诊断出来后,就可以进行其故障的排除,排除故障的方法大致可分为换件与修复两大类。

(1) 换件法

对于汽车电器和电子部件的故障,通常采用换件法来排除故障,因为这些部件大多是集成电路、微机械,维修非常困难。另外,对一些部件的修复费用要高于新件费用,也一般采用换件法。

(2) 修复法

对于一些机械部件,如缸体、曲轴、齿轮箱、车架、驱动桥等部件的故障一般采用零件修复法来排除故障。

零件修复法通常有机械加工修复法、镶套修复法、焊接修复法、电镀修复法、粘胶修复法等。

汽车零件修复方法的选择直接影响到汽车的修复成本和修复质量,选择时应根据零件的结构、材料、损坏情况、使用要求、工艺设备等,通过对零件的实用性指标、耐用性指标和技术经济性等进行全面的统筹分析而定。

5.4 汽车检测

5.4.1 汽车检测的概念

汽车检测是对汽车技术状况用定量或定性的方法进行评价,是确定汽车技术状况或工作能力的检查。汽车检测是对无故障汽车进行性能测试,其目的是确定汽车整体技术状况或工作能力,检验汽车技术状态与标准值的相差程度,保障汽车行驶安全及防止公害。

汽车检测是汽车故障诊断的基础,只有进行认真的检测和分析才能准确地查明故障原因。

5.4.2 汽车检测的目的

(1) 安全环保检测。对汽车实行定期和不定期安全环保检测,目的是在不解体的情况下建立安全和排放公害监控体系,确保运行车辆具有符合要求的外观容貌、良好的安全性能和规定范围内的环境污染,在安全、高效下运行。

(2) 综合性能检测。对汽车实行定期和不定期综合性能检测,目的是在不解体的情况下,对运行车辆确定其工作能力和技术状况,查明故障或隐患的部位和原因;对维修车辆实行质量监督,建立质量监控体系,确保车辆在安全性、可靠性、动力性、经济性、噪声和废气排放状况等方面具有良好的技术状况,以创造更大的经济效益和社会效益。

5.4.3 汽车检测基本方法

汽车检测的基本方法根据其检测目的不同而不同。目前检测的方法主要有检测线检测、维修过程检测和例行检测。

（1）检测线检测。检测线中具有固定的设置、设施、设备和人员，按使用性能划分主要有安全性能检测线、综合性能检测线、摩托车性能检测线。检测线检测的作用主要是车辆年审、汽车维修质量的监督、营运车辆的等级评定和客车类型划分、汽车安全与防止公害性能的检查、进口商品车检验、新车或改装车的性能检验。

（2）维修过程检测。这类检测是工艺过程的检测，主要是对承修车辆接车检测、拆解过程中的零件检测、修复过程后的量值检测、装合过程中的总成检测、整车维修竣工检测。维修过程检测的记录单（表）一般由企业自定。

（3）例行检测。这类检测主要是运输企业对在用车辆的技术状况的例行检测，其主要形式是车辆回场检测，目的是检查车辆的技术状况、保障车辆的技术状态良好和运行安全，一般设有专职人员和专用的检车台。

5.5 汽车维修质量评价及管理

5.5.1 质量概述

1. 质量的概念

质量是反映实体满足明确或隐含需要的能力的特性总和，包含产品质量、服务质量和工作质量三个部分。产品质量是指产品适合规定用途、满足国家建设和人民生活需要所具有的自然属性。对于汽车产品来说，通常是指它的使用性能。工作质量是指企业为了保证产品质量和提高产品的使用价值所采用的技术组织管理工作的水平和完善程度。服务质量是企业满足用户或顾客精神需求方面的特性。

2. 质量管理

质量管理是指确定质量方针、目标和职责，并在质量体系中通过诸如质量策划、质量控制、质量保证和质量改进，使其实施的全部管理职能的所有活动。

维修质量管理，是指在维修生产活动中，为确保维修质量所进行的各项管理活动的总称。质量管理是各级管理者的职责，涉及所有参与质量管理的人员，它是企业管理的重要组成部分，是提高质量的重要保证。

3. 全面质量管理

全面质量管理是指采用计划、执行、检查、处理循环的方式工作。全面管理制度强调的是全员参加、全过程、全面的运用一切有效方法、全面控制质量因素、力求全面经济效益的质量管理。

5.5.2 汽车维修质量管理

1. 汽车维修质量管理的概念

汽车维修质量是汽车维修服务活动是否满足与托修方约定的要求,是否满足汽车维修工艺规范及竣工质量评定标准的一种衡量。由此可知,汽车维修质量可分解为两个方面:一方面是维修服务全过程的服务质量,包括维修业务接待、维修生产进度、维修经营管理(包括收费)的质量水平,另一方面是汽车维修作业的生产技术质量具体是指维修竣工汽车是否满足相应的竣工出厂技术条件的一种定量评价。

汽车维修质量取决于许多相关因素,实践表明,旨在改善汽车维修质量的一些个别与零散的措施都不能对汽车维修质量产生整体的控制效果,为了提高汽车维修质量,必须系统地实施一些综合管理措施。

汽车维修质量管理是指为保证和提高汽车维修质量所进行的调查、计划、组织、协调、控制、检验、处理及信息反馈等各项活动的总称。

因而,汽车维修质量管理可以理解为是一项经常性的和有计划的工作过程,应贯穿于汽车维修服务全过程,其目的在于完善工艺方法和维修组织形式,以保证竣工出厂汽车的技术状况及其使用性能达到最佳水平。

2. 汽车维修质量管理的任务

汽车维修质量管理是汽车维修企业管理的重要内容之一。汽车维修质量是对汽车本身质量的维持和保障,汽车维修质量的好坏决定着汽车能否保持良好的技术状态安全地行驶。因此,汽车维修企业必须高度重视汽车维修质量管理,采取严格的技术手段和管理措施,保证和提高汽车维修质量,保障人们的生命和财产安全。

汽车维修质量管理的任务主要有以下四个方面。

(1) 加强质量管理教育,提高全体员工的质量意识,牢固树立"质量第一"的观念,做到人人重视质量,处处保证质量。

(2) 制定企业的质量方针和目标,对企业的质量管理活动进行策划,使企业的质量管理工作有方向、有目标、有计划地进行。

(3) 严格执行汽车维修质量检验制度,对维修汽车从进厂到出厂的维修全过程、维修过程中的每一道工序,实施严格的质量监督和质量控制。

(4) 积极推行全面质量管理等科学、先进的质量管理方法,建立健全汽车维修质量保证体系,从组织上、制度上和日常工作管理等方面,对汽车维修质量实施系统的管理和保证。

3. 汽车维修企业的全面质量管理

全面质量管理强调科学的管理工作程序,通过计划(plan)、执行(do)、检查(check)、处理(action)循环式的工作方式,即 PDCA 工作循环,分阶段、按步骤开展质量管理活动,促进质量管理水平循环不断地提高。

4. 汽车维修质量检验

汽车维修质量检验是贯穿于整个汽车维修过程的一项重要工作,按照其工艺程序可分为进厂检验、汽车维修过程检验和汽车维修竣工出厂检验三类。

(1) 进厂检验是对送修汽车的装备和技术状况进行检查鉴定,以便确定维修方案;

(2) 汽车维修过程检验就是指汽车维修过程中,对每一道工序的加工质量、零部件质量、装配质量等进行的检验;

(3) 汽车维修竣工出厂检验就是在汽车维修竣工后、出厂前,对汽车维修总体质量进行的全面验收检查,检验合格的签发机动车维修合格证。

5. 汽车维修质量保证体系

汽车维修质量保证体系是指在汽车维修行业或企业内,为了满足汽车维修技术标准所规定的质量要求,而建立的与汽车维修质量直接有关的、由技术活动和管理活动所构成的工作系统,并通过一定的制度、规章、方法、程序和机构等,把汽车维修质量保证活动系统化、标准化、制度化。

6. 汽车维修质量管理体系

质量管理体系是指实施质量管理所必需的组织结构、程序、过程和资源。从整个行业来讲,为实施汽车维修全面质量管理,将管理工作的各项内容落实到一定的责任机构和责任人,由承担汽车维修各项管理责任的责任机构和责任人所形成的管理组织结构系统,简称汽车维修质量管理体系。

7. 汽车维修质量管理技术档案

机动车维修经营者对机动车进行二级维护、总成修理、整车修理的,应当建立机动车维修档案。机动车维修档案的主要内容包括维修合同、维修项目、具体维修人员及质量检验人员、进厂检验单、过程检验单、竣工检验单、竣工出厂合格证(副本)及结算清单等。

机动车维修档案保存期为两年。汽车维修质量管理技术档案是汽车维修档案的重要组成部分。根据《汽车修理质量检查评定方法》(GB/T 15746—2011)的要求,汽车修理质量检查评定内容就包括了修理质量检验技术文件的完善程度。因此,检验技术文件是修理质量检查评定的重要内容。

5.5.3 汽车维修质量评价

采用整体指标对汽车大修质量进行评价,能够比较真实地反映汽车整车的修理质量,也便于不同企业、不同车型之间修理质量的比较。

1. 评价的原则

(1) 客观性原则。为了使评价工作真实、准确,使评价结果客观化,避免随意性,评价必须尊重客观现实,一切从实际出发,不能主观臆造。

(2) 典型性原则。在评价指标的选取上,尽量选取那些已为社会做出评价和承认、反映企业主要成绩和水平的工作为典型指标,忽略对次要工作的评估。典型集中才能反映事物的本质。

(3) 定量化原则。要求评估指标具有可度量性,并且尽量做到定量化。任何事物,如产品的质和量都有其内在联系的规律性,要使被评估对象既反映质又反映量,既有定性分析又有质量分析,是有一定困难的。但是随着科学的进步和发展,评估工作完全可以在系统分析的基础上,采用模糊数学、数理统计和最优化等数学方法,对评估对象进行综合评价,使评价指标能量度、能计算,并经过计算机处理后得出定量结果。

(4) 可比性原则。评价指标应能使不同车型、不同企业便于比较,使其做到规范化、标准化、统一化,便于指标本身在企业之间进行比较。

(5) 指向性原则。汽车维修评价指标、评价方法,应能对我国维修行业的各项工作起到指向作用。

2. 评价的方法

(1) 缺陷系数法。缺陷系数法是用产品缺陷系数来评价汽车大修后质量的好坏。通过计算大修汽车出厂前、后汽车排除故障所发生的费用来评价,费用越少,修车质量越好。

(2) 总分法。用几个指标来评价汽车修竣后的整体修理质量。维修车辆的实际评分越接近最高分,那么维修车的质量就越好。

(3) 加权平均法。总分法在评价中各指标都一视同仁,没有主次,这往往不符合实际情况,为了消除上述弊病,评价时可根据对每个指标重视程度的不同给每个因素赋一定的权,即各因素在评价中所占的百分比。

(4) 综合评定法。综合评定法是用模糊数学研究和处理模糊现象的一种评估方法,即用定量的数学方法去处理那些对立或者有差异,但没有绝对分明界限概念的新兴学科。综合评定法的优点是,能够考虑多方面的因素,体现多数人的意见,方法简单,便于利用微机,评价结果准确可靠。因此它已应用于图像识别、人工智能、信息控制、系统工程、医疗诊断、天气预报、交通运输等方面,并取得了较好的成果。它对于汽车维修质量整体指标的评估,是一种较为理想的方法。

5.6 汽车维修行业的现状与发展

5.6.1 汽车维修企业分类

1. 按行业管理分

《汽车维修业开业条件》(GB/T 16739—2014)已于2015年1月1日开始实施,它将汽车维修企业分为三类:汽车整车维修企业、汽车综合小修业户和汽车专项维修业户。

(1) 汽车整车维修企业

汽车整车维修企业是有能力对所维修车型的整车、各个总成及主要零部件进行各级维护、修理及更换,使汽车的技术状况和运行性能完全(或接近完全)恢复到原车的技术要求,并符合相应国家标准和行业标准的规定的汽车维修企业。按规模大小分为一类汽车整车维修企业和二类汽车整车维修企业。

(2) 汽车综合小修业户

汽车综合小修业户是指从事汽车故障诊断和通过修理或更换个别零件,消除车辆在运行过程或维护过程中发生或发现的故障或隐患,恢复汽车工作能力的维修业户(三类)。

(3) 汽车专项维修业户

汽车专项维修业户是从事汽车发动机、车身、电气系统、自动变速器、轮胎动平衡及修补、四轮定位检测调整、供油系统维护及油品更换、喷油泵和喷油器维修、曲轴修磨、气缸镗磨、散热器(水箱)、空调维修、汽车装潢(篷布、坐垫及内装饰)、门窗玻璃安装等专项维修作业的业户(即三类汽车维修企业)。

2. 按经营形式分

汽车维修企业按经营形式可分为3S或4S特约维修、连锁(加盟)经营店和传统的汽车维修厂。这里所说的传统的汽车维修厂是指除了3S或4S特约维修站、连锁(加盟)经营店外的汽车维修企业的统称。

3. 按经营项目分

现代维修企业已不是传统意义上的汽车修理厂,它又被赋予了新的内涵,它的业务范围又有了新的拓展。现代汽车维修企业的经营项目十分广阔,主要分为专业维修、汽车养护、汽车美容与护理、汽车装饰、汽车改装、轮胎服务、汽车俱乐部和二手车经营等类型。

5.6.2 我国汽车维修业存在的问题

汽车维修是关系到汽修企业兴衰存亡、人民生命财产安全以及汽车制造业和交通运输业发展的大事。目前,我国汽修企业质量管理混乱和质量水平低下的问题不同程度地普遍存在,并已成为影响和制约我国汽修企业发展的瓶颈。我国汽修行业存在的问题及原因主要有以下几个方面。

1. 汽车维修企业普遍不注重自身建设,缺乏竞争力

多数汽车维修企业还是"一厂一店"的旧经营模式,谈不上连锁经营和品牌战略,自身建设存在诸多问题。如:服务意识差,规范化服务跟不上,普遍缺乏诚信,企业人员素质不高;内部管理制度不健全,经营管理不善,技术标准和技术资料无法满足维修工作需要,维修人员技术水平参差不齐,安全生产和维修质量不符合要求;存在虚报维修作业项目,只收费不维修,偷换汽车零部件,修理价格不透明、随意抬高工时单价,不按技术规范作业,作业中漏项或减项,以假充真,以次充好,故意夸大汽车的故障漫天要价等欺骗、坑害用户的恶劣行径。这些问题导致客户回头率低,企业经济效益低。配件供应渠道混乱,配件质量参差不齐,假冒伪劣配件横行,直接影响维修质量。部分维修企业脏乱差的状况还没有彻底改变。

随着汽车工业的发展,汽车的设计制造水平和性能越来越高。现代的汽车已经是一个高科技的结晶体,特别是电子技术飞速发展使汽车的高科技化程度不断得到提高,从而使得汽车的维修,特别是汽车的故障诊断,若没有专用工具和仪器设备,根本无法进行。目前大部分汽车维修厂汽车检测诊断设备的投入较少,先进的汽车检测诊断设备则更少。在培养技术人才方面,许多维修厂还是师傅带徒弟,维修质量好坏完全凭经验。平时不注重维修资料的收集、整理,导致一个人的离开严重影响维修厂运作的情况。不培养人才不行,培养了又恐怕替人作嫁衣,如何培养人才、留住人才,是企业负责人需要研究的问题。现在社会上汽车维修给人们的印象是"苦""脏",工作条件艰苦,汽车维修人员的地位低下,导致从业人员素质较差。

2. 行业市场行为不规范,缺乏诚信

存在一些无牌无证经营或违规经营的"黑店",此类违规经营者总以不同面目出现或是洗车场偷偷干修车业务,或是配件商店却顺便成了维修企业,这些违规经营扰乱了市场秩序,导致恶性竞争。其重要的原因在于行业监管不到位,现行的法规尚不健全。由于把关不严,许多汽车维修企业在申办技术合格证时,都想方设法提高等级资质,他们多方挪用、借调技术人员来凑数,一旦技术等级合格证核发下来,"技术力量"立即"消失"。所以,二类以下维修企业的很多汽车修理工是未经正规培训的。

3. 汽修质量意识淡薄

(1) 汽修企业的投资者急功近利思想严重,搞短期行为。在我国汽修行业中,国有、集体汽修企业约占40%,基本上是以承包、租赁的形式转包给个体经营的,私营、个体、合资等汽修企业约占60%,基本上都是投资者个人经营。不论是承包者,还是投资者,或是为了完成上缴、多留利润,或是为了尽快收回投资、多得利润,都不可避免地采取一些急功近利的做法,搞短期行为,而不顾维修质量、不顾企业汽修质量管理上的长远考虑和建设。

(2) 汽修企业的经营者急功近利思想严重,搞短期行为。目前汽修企业在人力资源管理上,几乎全部实行聘用制,新聘用的生产经理、技术管理等经营管理人员,为了能站稳脚跟、迎合上司的心理、拿到高额工资,一味地追求多修车、多出车、创高收入,而不顾汽修质量。

(3) 汽修企业的修理工素质低。目前我国汽修企业的修理工普遍文化素质较低,缺乏正规的专业技术培训,质量意识薄弱。近几年来有一部分大中专毕业生、技校毕业生充实到汽修企业,但由于学校教育的缺陷,对汽修质量管理知之甚少,在汽修企业的质量管理中起不到根本作用。

(4) 汽车车主或驾驶员的斤斤计较,"金钱意识"严重。在车主中有相当一部分人持有"宁愿快一点、差一点、便宜一点,也不愿慢一点、好一点、贵一点"的汽修观点,也就是说这部分车主并不讲究汽修质量,他们看重的是修车时间短、维修费用低,甚至宁愿汽修质量"差一点"以求"快一点、便宜一点"。另外,在帮别人开车的驾驶员中有相当一部分人职业道德不够高,为了多得钱,要求汽修厂做"假修理""假换件",而不顾汽修的质量,此类做法也是相当普遍和严重。

(5) 汽修行业管理部门"只管开业,不管质量"的思想严重。汽修行业管理部门在审批汽修企业注册时,主要是依据《汽车维修业开业条件》对企业上报的文件进行审核,去申报企业进行实地考察则多流于形式,而在汽修质量管理中起重要作用的制度却被遗忘,更为严重的是批准注册开业后,汽修企业在实际运作中,有无汽修质量保证能力则无人问津。

4. 汽修质量保证脆弱

(1) 汽修质量在组织上无保证。目前大部分汽修企业没有按《汽车维修业开业条件》规定的要求建立本企业的质量管理机构和质量管理制度,有些根本没有质量管理机构、制度,没有质检人员;有些仅仅是把质量管理制度写在文件中、挂在墙壁上而没有实际执行。

(2) 汽修质量在工艺上无保证。目前我国绝大部分汽修业,特别是私营个体户,在汽修工艺上是处于"三无"状态:无工艺文件、无工艺要求、无工艺管理,承修车辆怎样实施维修作业,完全是由修理班组、修理工凭自己的经验,随机随意进行,根本就无工艺可言,有的甚至连"工艺"二字的意思都不懂。有些国有企业尽管有"工艺管理",但内容过时,适用范围狭小,也很难适应现代汽修管理的需要。

(3) 汽修质量在设备上无保证。一些汽修企业,汽修设备十分简陋,几乎还停留在凭耳听、手摸、眼看搞诊断,凭几把扳手、起子、钳子搞修理的落后状态。一些汽修企业,设备配备齐全,甚至是高、新、尖的配置,但往往因盲目配置,贪大求全,重设备轻服务,购设备不培训使用人员,只使用不维护,甚至仅作为一种摆设等种种错误做法,造成设备或买非所用,或闲置不用,或无人使用,不能充分发挥设备的服务价值。

(4) 汽修质量在人才上无保证。目前,我国汽修企业汽修质量低下的原因,除设备等硬件之外,主要是由于各类人才,特别是质量技术人才的缺乏。其原因主要有三个方面,一是企业投资者的人才观念淡薄,不愿意出高价钱聘用高水平的技术人才;二是教育培训跟不上,不论是从专业设置、课程安排上,还是从教育质量和数量上,都远远不能适应汽修市场的需要,以致出现汽修技工青黄不接的被动局面;三是假证泛滥,搞乱了专业劳务、人才市场,降低了汽修专业技术人才的整体素质和声誉,挫伤了汽修专业人员工作和学习的积极性。

5. 汽修质量监督无力度

(1) 政府质量监管的力度不到位。公安车辆管理部门仅在车辆年审时,对车辆的安全性项目进行检测,车辆安全年审以外的项目、时段无人监管。交通汽修管理部门仅在企业申请注册时,对经营条件进行审核,确定企业类别,而企业开业审批后的具体运作和时段无人监管,对汽修企业修完出厂的车辆缺乏综合性检测;环保部门对汽修企业的质量监控几乎为零。同时,在汽修质量监管上,重城市、轻农村,重大城市、轻小城镇的做法,也在很大程度上削弱了汽修质量监管的力度。

(2) 社会汽修质量监管的力度不到位。消费者协会和质量协会都很少过问汽修质量问题,新闻媒体热衷于推介各式"汽车登场",对汽修质量问题也很少曝光;广大公民比较关心的是产品的质量,而很少注意到汽修质量的重要性。

6. 汽车美容装潢服务企业服务条件差,经营不规范

由于汽车美容装潢的投资较小,市场诱人,最近几年时间我国涌现了大量汽车美容装潢店。由于缺乏必要的行政管理,目前我国的汽车装潢美容市场秩序混乱。汽车装潢店销售假冒伪劣和"三无"产品,汽车美容店占道营业、违规用水、环境污染等现象非常普遍。希望交通主管部门会同城建、环卫、环保、质检等部门,联合采取专项治理,整治汽车装潢和汽车美容市场。

5.6.3 我国汽车维修业发展

目前,国内汽车维修行业的发展趋势归纳起来有以下几个方面。

1. 汽车维修业朝着规模化方向发展

改革开放初期,汽车维修业基本呈粗放型发展。目前,汽车维修业已成为我国经济发展的新增长点,正在吸引社会各方面资金,上规模、上档次,并将通过企业兼并、资产重组等形式扩大经营规模,建立企业集团,以不断提高汽车维修业的规模化程度和整体素质,提高市场占有率。

2. 汽车维修业依靠科技创新提高和增强竞争能力

维修行业伴随着汽车制造技术的发展而发展,新工艺、新结构、新材料、新技术的采用对现代汽车维修业提出了许多更新、更高的要求。追踪高新技术、掌握高新技术、提供高质量的维修服务,才能在市场竞争中占据有利的地位,这已成为汽车维修企业的共识和追求的目标。

3. 汽车维修业朝着专业化及工业化方向发展

随着汽车维修市场逐步完善，激烈竞争使得汽车维修市场的分工越来越细化，并朝着专业化、工业化的方向发展。这主要表现在：一是汽车维修企业承担单一车型或同类车型的汽车维修或者建立汽车三位、四位一体及连锁经营店，为汽车制造企业做售后维修服务等；二是汽车维修业主只承担专项维修，如专门维修汽车电子控制装置、专门维修自动变速器、专门维修助力转向系统、专门维修 ABS 系统、专门从事钣金、专门从事喷漆、专门从事车轮动平衡和汽车美容等；三是汽车维修已开始朝着工业化流水作业发展，如发动机翻新、自动变速器翻新等。随着专业化、工业化程度的提高，使维修在厂日减少，维修质量却得到了提高。

4. 采用先进的管理手段实现效益

汽车维修企业通过采用现代化管理手段，在企业管理上逐步实现规模化、科学化。汽车维修企业管理主要是在车辆进厂维修过程、客户群管理、出厂记录、材料管理、财务管理、劳动人事管理等方面逐步实现计算机管理，并在生产现场逐步采用电视监控技术，不断提高企业管理水平。同时，汽车维修企业不断改善服务质量，通过实行"四公开"，即公开维修项目、公开收费标准、公开修理过程、公开服务承诺，积极创建文明行业等，不断实现以客户需求为导向的企业创新。

5. 发展汽车维修救援

汽车维修救援是为汽车提供紧急救援服务的新事业，是对汽车维修业服务功能的延伸，通过该系统，能够减小运输损失，提高运输效率，保障运输安全。汽车维修救援将成为汽车维修业发展的一个新的经济增长点，并且是一项利国利民的事业。

6. 二手车市场进入汽车维修企业

国外二手车交易大部分在汽车维修企业进行，同新车一样有展厅，并且这种形式得到了客户的认可。因为汽车维修企业在进行二手车交易时，一是要经过政府批准，二是要具有国家承认的持证经纪人与评估师，三是依托企业中的综合性能检测线对二手车进行科学的检测、评估与适当的翻新，这样翻新的二手车在交易后同新车一样具有保修期。因此汽车维修企业引进这项业务是符合市场需求的。据美国二手车交易市场调查，每发生一台新车交易，同时会有七台二手车交易。

7. 汽车维修业向连经营方向发展

连锁经营"BOSS"理论认为，品牌（band）、运营和支持（operation/supply）、体系（system）将是连锁经营的三大核心竞争力。独立中小企业在加入连锁体系后，便可与总部共享品牌、广告等营销资源，使群体知名度和信誉度迅速提升；而没有经营经验的加盟店可以获得总部在管理技巧、业务知识方面的培训；特许经营最大的优势体现在物流配送方面,总部通过信息网络统一进行采购配送,不但可通过规模效应降低采购成本,也可以提高配送效率。

目前中国的汽车维修行业主要由 4S 服务网和路边店构成,前者在品牌、专业维修设备、技术实力、人才储备、单车利润等方面占优势;后者则在网络覆盖、维修车型种类、服务便捷、价格低廉等方面占优势。快修连锁店是路边店和 4S 店的折中,由于兼备了两者的优势,快修连锁已经逐渐成为汽车发达国家的主导汽修模式。

从汽车发达国家近年来汽车维修行业的发展趋势来看,汽车生产厂家特约维修(4S)店市场份额出现下降;车辆保养、更换轮胎等专项连锁经营服务网络市场份额严重下滑;仅有提供零部件供应及全系车型专业维修服务的连锁汽车维修网络市场份额稳步提升。目前汽车制造业电子元件的成本约占普通轿车成本的 30%,高级轿车的 70%。这一比例还在不断上升,拥有精密诊断设备的专业维修网络已成为汽车维修业的新锐力量。

习　题

1. 汽车维护分为有三种级别?三种级别的作业内容有哪些?
2. 汽车故障诊断有哪些方法?
3. 汽车检测的基本方法有哪些?
4. 简述我国汽车维修行业的存在的问题和发展趋势。
5. 什么是汽车维修质量管理?汽车维修企业的维修质量保证体系的运作流程怎样的?
6. 整车性能检测有哪些项目?分别有哪些检测指标?
7. 简述远程故障诊断的基本原理。

第6章 汽车金融服务

6.1 汽车金融服务概述

6.1.1 汽车金融服务概念

汽车金融业是指以商业银行、汽车金融公司、保险公司、信托联盟组织及其关联服务组织为经营主体,为消费者、汽车生产企业和汽车经销商提供金融服务的市场经营活动领域。

完整的汽车金融业服务体系具备三项主要职能:为厂商维护销售体系,整合销售渠道,提供市场信息;为经销商提供存贷融资、营运融资、设备融资;为直接用户提供消费信贷、租赁融资、维修融资、保险等业务。

汽车金融业最初的职能仅仅是向汽车生产企业的经销商及其下属零售商的库存产品提供贷款服务,并允许其经销商向消费者提供多种选择的贷款或租赁服务。随着其业务范围和职能的不断拓展,汽车金融服务公司开始逐步向消费者、经销商和生产商提供多种形式的全方位金融服务。现代成熟的汽车金融业已经衍生出更多的行业金融职能,除了汽车消费信贷服务外,还包括融资性租赁、购车储蓄、汽车消费保险、信用卡等,渗透到了从制造到消费,直到最后报废的整个汽车产业每个环节以及与之相关联的其他产业,形成了比较完整的金融服务业链。作为汽车消费领域发挥职能作用的汽车金融,使汽车产业中的货币资金,在生产、流通、消费三个领域中循环周转、同步发展,满足各个领域的资金需求,影响和推动整个汽车产业的发展。

汽车金融服务经过近百年的发展,在国外已成为位居房地产金融之后的第二大个人金融服务项目,是一个规模大、发展成熟的产业,每年的平均增长率在3%左右。目前在全世界每年的汽车销售总额中,现金销售额为30%左右,汽车金融服务融资约占70%。

6.1.2 汽车金融服务的内容

汽车金融服务的内容丰富,在我国个人汽车金融服务常见的有以下几种。

1. 汽车消费信贷服务

汽车消费贷款是对申请购买汽车的借款人发放的人民币担保贷款,是银行或汽车财务公司向购买者一次性支付车款所需的资金提供担保贷款,并联合保险、公证机构为购车者提供保险和公证。

2. 汽车保险服务

汽车保险是指由保险公司对机动车辆发生自然灾害或意外事故所造成的人身伤亡或财产损失负赔偿责任的一种商业保险。

3. 汽车租赁服务

汽车租赁是指汽车消费者通过与汽车销售者之间签订各种形式的付费合同,以在约定时间内获得汽车的使用权为目的,经营者通过提供车辆功能、税费、保险、维修、配件等服务实现投资增值的一种实物租赁形式。

6.1.3 汽车金融服务的作用

对制造商而言,汽车金融服务是实现生产和销售资金分离的主要途径;对经销商而言,汽车金融服务则是现代汽车销售体系中一个不可缺少的基本手段;对汽车营运机构而言,汽车金融服务是其扩大经营的有力依托;对消费者而言,汽车金融服务是汽车消费的理想方式。

1. 汽车金融服务的宏观作用

(1) 调节国民经济运行中生产与消费不平衡的矛盾。
(2) 充分发挥金融体系调节资金融通的功能,提高资金的使用效率。
(3) 汽车金融服务的发展有助于推动汽车产业结构的优化与升级。
(4) 汽车金融服务通过乘数效应以及与其他产业的高度关联性,促进国民经济的快速发展。
(5) 汽车金融服务的发展有助于烫平经济周期性波动对汽车产业的影响。

2. 汽车金融服务的微观作用

(1) 汽车金融服务对汽车生产商起到促进销售、加快资金流转的作用。
(2) 汽车金融服务可帮助汽车销售商实现批发和零售环节资金的相互分离。
(3) 汽车金融服务可以帮助汽车消费者实现提前消费。
(4) 汽车金融服务扩大了汽车消费规模。
(5) 汽车金融的发展能够完善金融服务体系,拓展个人消费信贷方式。

6.1.4 汽车金融服务业的发展现状

1. 国外汽车金融服务业的发展现状

汽车金融服务业是汽车产业发展到一定阶段的产物,世界上最早出现汽车金融业务是在20世纪初,当时汽车还属于奢侈品,因而银行不愿意向汽车消费发放贷款,这给汽车购买者和销售商造成了障碍,致使大多数消费者买不起汽车,汽车制造商也缺乏足够的发展资金。为解决这个问题,20世纪20年代初,美国的汽车公司组建了自己的融资公司,从而开始了汽车信贷消费的历史。随后,汽车金融的概念得到极大的拓展。尽管如此,它主要还是指与汽车有关的金融服务,包括为最终用户提供的零售性消费贷款,为经销商提供的批发性库存贷款,以及为汽车维修服务的硬件设施投资建厂等。从运行情况来看,零售性消费贷款占整个汽车金融的75%以上,是汽车金融业务的主导。

在国外,提供汽车金融服务的金融机构主要是商业银行、信贷联盟、信托公司等金融机构,同时也包括汽车金融服务公司等非金融机构。大的跨国公司都有自己的融资公司为其产品销售提供支持,这些汽车金融公司具有的专业优势可以为消费者提供涵盖汽车售前、售中、售后的更广泛的专业产品和服务。更重要的是,多年的从业经验,先进高效的风险评估控制和处理系统,保证了较高的业务处理效率。在国外,个人信用制度健全、抵押制度完善,一切金融活动均被资信公司记录在案,并将其网络化,免去了银行鉴别申请人相关信息的繁杂劳动,使贷款手续简便化。最新资料显示,世界范围内70%的私用车是贷款购买的。在美国,贷款购车的比例是80%~85%,德国为70%,即使在不太发达的印度,贷款购车的比例也达60%。

由于汽车产业是一个技术性很强的行业,融资机构进行融资评估需要掌握较高的专业知识,对产品有较深入的分析和了解,这是银行较难做到的;同时银行并非处理二手车、库存车的专业机构,因此银行并不是汽车金融服务的主要提供者。

在欧美等汽车消费大国,向用户提供金融服务最多的部门是各大汽车厂商自己组建的财务公司。虽然它们只为自己的汽车品牌服务,但是由于用户购车一般是直接找到汽车经销商,且选购、筹款或过户等所有的手续都在一地一次完成,给消费者带来极大的方便。

因此,由汽车制造商组建自己的财务公司为自己的品牌汽车量身定做金融服务产品才是国际上的主流做法。

2. 国内汽车金融服务业的发展现状

我国汽车金融服务在不同的历史发展时期,具有不同的阶段特征,大致可划分为几个阶段。

(1) 起始阶段(1993年至1998年)

中国汽车金融服务的起步较晚,也就是在1993年,北方兵工汽贸第一次提出了汽车分期付款的概念。1995年,当美国福特汽车财务公司派专人来到中国进行汽车信贷市场研究的时候,中国才刚刚开展了汽车消费信贷理论上的探讨和业务上的初步实践。这一阶段,恰逢国内汽车消费处于一个相对低迷的时期,为了刺激汽车消费需求的有效增长,一些汽车生产厂商联合部分国有商业银行,在一定范围和规模之内,尝试性地开展了汽车消费信贷业务。但由于缺少相应经验和有效的风险控制手段,逐渐暴露和产生出一些问题,以至于中国人民银行曾在1996年9月,下令停办汽车信贷业务。这一阶段一直延续到1998年9月,央行出台《汽车消费贷款管理办法(试点办法)》为止。

(2) 发展阶段(1998年至2001年年底)

央行继1998年9月出台《汽车消费贷款管理办法(试点办法)》之后,1999年4月又出台了《关于开展个人消费信贷的指导意见》。至此,汽车消费信贷业务已成为国有商业银行改善信贷结构,优化信贷资产质量的重要途径。与此同时,国内私人汽车消费逐步升温,北京、广州、成都、杭州等城市,私人购车比例已超过50%。面对日益增长的汽车消费信贷市场需求,保险公司出于扩大自身市场份额的考虑,适时推出了汽车消费贷款信用(保证)保险。银行、保险公司、汽车经销商三方合作的模式,成为推动汽车消费信贷高速发展的主流做法。在这一阶段中,汽车消费信贷占整个汽车消费总量的比例大幅度提高,由1999年的1%迅速升至2001年的15%。

(3) 竞争阶段(2002年至2004年)

进入2002年,中国汽车消费信贷市场开始进入竞争阶段,其最明显的表现为汽车消费信贷市场已经由汽车经销商之间的竞争、保险公司之间的竞争,上升为银行之间的竞争。各商业银行开始重新划分市场份额,银行的经营观念发生了深刻的变革,由过去片面强调资金的绝对安全,转变为追求基于总体规模效益之下的相对资金安全。一些在汽车消费信贷市场起步较晚的银行,迫于竞争压力,不得已采取"直客模式",另辟蹊径,即银行直接寻找合适的客户而不是等客户上门;另一种模式是"间客模式",即银行通过汽车经销商提供的客户资源开展汽车信贷业务。

(4) 成熟阶段(2004年以后)

目前,整个中国汽车消费信贷市场,正在由竞争阶段向成熟阶段发展。《汽车金融公司管理办法》的实施是规范汽车消费信贷业务管理的重要举措,这对培育和促进汽车融资业务主体多元化、汽车金融服务的专业化将产生积极和深远的影响,并对促进我国汽车产业发展,推动国民经济持续健康发展等各方面都将发挥积极的作用。

6.2 汽车消费信贷

6.2.1 汽车消费信贷概念

消费信贷是个人和家庭用于满足个人需求(房产抵押贷款例外)的信贷。主要由商业企业、银行或其他金融机构对消费者个人提供的信贷。消费信贷有两种基本类型:封闭式信贷和开放式信贷。封闭式信贷指在一段时间内以相同金额分数次偿还债务的方式。开放式信贷是循环发放的贷款,部分付款根据定期邮寄的账单缴付。封闭式信贷包括抵押贷款、汽车贷款、分期付款贷款(分期付款销售合同、分期现金支付信贷和一次性信贷);开放式信贷包括旅游与娱乐卡、信用卡等。

汽车消费信贷是指汽车消费信贷机构以个人、机构和其他消费群体为对象,以其获取未来收益的能力和历史信用为依据,通过提供贷款,实现其或者其客户对交通工具的购买和使用。汽车消费信贷是消费信贷的一种。

汽车消费信贷属于消费信贷中的封闭式信贷,一般采用分期付款。在分期付款的具体业务中,汽车零售商一般与消费者签订汽车分期付款零售合同,汽车分期付款零售合同是指汽车零售商和消费者之间签订的零售商保留所售汽车的所有权,以作为买方担保的一种买卖合同。

6.2.2 汽车消费信贷模式

根据开展信用调查和承担信贷风险的不同主体,我国个人汽车消费信贷可以分为三种模式。

1. 银行为信用主体

银行为信用主体模式是指由银行、律师事务所、保险三方联合,银行为信用主体,委托律师事务所进行资信调查,保险公司提供保证保险的业务模式。这种模式可以充分发挥银行资金雄厚、网络广泛、成本较低的优势。但是,由于汽车市场变化迅速,汽车生产企业的商业策略以及竞争策略会因市场变化进行及时调整,银行在开展信贷业务时需要对汽车产品本身以及汽车企业的情况进行全面了解,在这种情况下,银行往往对市场及策略的变化反应滞后,从而影响金融产品的适应性和服务质量。

2. 经销商为信用主体

经销商为信用主体的汽车消费信贷是由银行、保险、经销商三方联合,经销商作为资信调查和信用管理的主体,保险公司提供保证保险,经销商附带保险责任的业务模式。

此种模式最大的特点是方便用户,实现"一站式"服务,但是在这种模式下,经销商的资金来源和自身的资产规模有限,在信贷业务方面的经验也比较缺乏,因此这种模式只适合在一定范围内采用。

3. 非银行金融机构为信用主体

非银行金融机构对购车者进行资信调查、担保、审批,向购买者提供分期付款。风险主要由汽车金融公司或汽车财务公司、经销商和保险公司共同承担。我国汽车金融业发展很迅速,大型汽车厂商均拥有汽车财务公司,提供汽车金融业务。

6.2.3 汽车消费信贷程序

消费信贷的操作程序大体上可以分为贷款申请、贷前调查及信用分析、贷款的审批与发放、贷后检查及贷款收回等。这几大程序中,中心环节是贷前调查、贷时审查和贷后检查,也即通常所说的贷款"三查"。把好"三查"关是保证贷款顺利发放、安全收回的关键所在,对保证贷款的经济效益具有重要的意义。

1. 汽车消费信贷操作程序的关键环节

1) 贷款申请

这是借款人与银行发生贷款关系的第一步。作为汽车消费信贷来说,因其贷款对象是消费者个人,而不是工商企业,银行对申请者所要求提供的材料,却因消费者个人的资产信用状况不同于工商企业,而显得较为繁杂。借款人在提出借款申请时,应提供以下材料。

① 个人汽车消费贷款申请表;
② 有效身份证件;
③ 目前居住地址证明;
④ 职业及收入证明;
⑤ 有效联系方式及联系电话;
⑥ 在银行存有不低于规定比例的首付款凭证;
⑦ 与银行认可的汽车经销商签订的购车合同;
⑧ 担保贷款证明资料;
⑨ 在银行开立的个人结算账户凭证及扣款授权书;
⑩ 按银行要求提供有关信用状况的其他合法资料。

2) 贷前调查及信用分析

贷前调查和信用分析是决定供贷关系能否发生的关键。贷前调查和信用分析的作用:

① 是对申请做出的反应,通过对申请人的调查和信用分析,判别申请人是否有资格取得贷款;
② 是通过对这些私人贷款中存在的各种风险进行评估。

银行贷款评估时,通常要分析贷款人信用的五个方面,即品质、资本金、能力、环境和担保,最重要的同时也是最难于评估的莫过于对借款人的品质甄别。

(1) 对借款人品质的调查。

在对借款人品质进行调查时,首先必须掌握借款人的还款意愿。

中国工商银行上海市分行个人汽车消费贷款业务操作流程规定调查取证的工作要点如下:

① 对汽车经销商进行调查;
② 对借款人进行调查:
 a. 调查身份的真实性;
 b. 调查借款人的住址;
 c. 调查借款人的单位及联系方式;
 d. 调查核实借款人购车行为与购车价格;
 e. 调查借款人收入与信用状况;
 f. 调查经办行认为需了解的其他内容。

对已支付首付款比例超过五成(含五成)或以房产抵押申请贷款,房产抵押成数低于五成的借款人,可进入该行个人汽车消费贷款"绿色通道",适当减免贷款资料,提高审贷效率。

(2) 对借款人资本金的信用分析。

在对借款人所提供贷款资料调查核实的基础上,结合收集到的其他相关信息,分析客户的第一还款来源、第二还款来源和贷款风险收益等。分析主要包括以下几点。

① 借款人资格和条件是否符合规定;

② 贷款用途是否符合规定;

③ 通过对借款人职业、收入稳定性的分析以及借款人资产状况分析,认定借款人的第一还款来源及第二还款来源;

④ 信誉状况分析;

⑤ 市场及经营情况分析;

⑥ 担保能力分析;

⑦ 风险收益分析;

⑧ 借款人偿债能力(偿债率)分析。

(3) 对借款人抵押担保物的调查。

抵押是指债务人为了保证主合同的履行而以其所有的财产作为履行合同的担保,当其不履行或者不能履行合同时,主合同债权人依照有关法律或合同约定处分该抵押物并从中优先受偿。

担保是指保证人与借贷合同当事人之间协商达成的关于被保证的当事人不履行或者不能履行合同时,保证人代为履行或者连带承担赔偿损失责任的协议。消费信贷要求消费者提供一定数量的抵押担保物据此作为其还款的第二来源,抵押担保物要求必须有与贷款额度相当的价值,并且价值必须稳定,且具一定的流通性。调查时必须认真核实抵押物情况。

对抵押物需双人调查核实。以房产、汽车作抵押的需实地核查抵押物权属、抵押物价值的真实性。按照抵押充足性的基本原则,依据分行认定的评估机构出具的评估报告,调查抵押物实际价值是否足额,首付款金额加贷款金额是否小于或等于汽车市场价,确认贷款最高额不超过抵押房产价值和购车款的规定比例。

3) 贷款的审批与发放

金融机构对借款人的资信状况已经有了足够的了解之后,做出是否给予发放贷款的决定。

如果金融机构认为可以放贷,就与借款人签订借款合同,发放贷款。银行有权签批人:经分行转授权的一级支行(营业部)行长(总经理)或业务主管行长(主管副总经理)。

有权签批人负责审阅有关材料,根据审核人的综合评价意见,对符合贷款条件的,在授权权限内签署审批意见,并对签批意见负责。其工作要点如下:

(1) 审阅贷款资料、调查报告,审核岗审查意见,根据贷款审核岗综合评价意见,做出贷款审批结论。

(2) 授权权限内签批贷款。

(3) 对于超权限贷款,应在贷款审批表上签署审批意见后报送分行信贷部审批。

4) 贷后检查及贷款的收回

在贷款发放以后,金融机构为了保证贷款的及时偿还,通常要对贷款进行贷后跟踪检查。金融机构有必要加强对还款的管理,以确保这些贷款本息如期全额收回。

贷后管理由银行消费信贷业务部门(个人金融业务部)综合管理人员负责,其工作要点如下:

(1) 发放贷款检查。

(2) 银行对借款人的信息变动情况和贷款的使用及还本付息情况进行监督检查。

(3) 督促借款人续保受益人为该行的抵押品财产险等相关险种。

(4) 对违约2个月以内(含2个月)的贷款进行催收。

① 违约1个月以内:电话信函催收。

② 违约1个月以上:非质押类贷款违约1个月以上的应实施上门催收。

③ 违约2个月以上或确认可进入司法诉讼程序的违约贷款可移送银行贷款催收岗催收或进入不良资产处置程序。

不良资产处置由专职人员负责,其职责如下:

① 落实不良贷款清收计划,对于各支行报送的违约3个月(含3个月)以上的不良贷款,负责组织集中清收、转化和呆账核销,及时处置不良贷款。

② 对逾期3个月(含3个月)以上的不良贷款,逐户分析认定,决定催收方案。

③ 贷款呆账核销工作应在坚持"逐级审查、集体审议、严格规范、实事求是"的管理原则下,严格按照核销呆账贷款的标准和条件进行,从而保证呆账贷款资料的真实性、完整性、规范性。

2. 以银行为信用主体的服务流程

业务流程说明:① 购车人在选定车型后直接向银行申请汽车贷款;② 银行对客户信用状况、资产负债情况等进行审核;③ 客户向银行提供担保;④ 银行同意贷款后,客户与经销商签订购车合同;⑤ 签订合同后,购车人还要办理保证保险、汽车登记,到公证部门进行公证等;⑥ 手续齐全后,客户可以到经销商处提车;⑦ 银行将车款划拨给经销商或购车人;⑧ 客户按分期付款合同还款给银行。

3. 以经销商为信用主体的服务流程

业务流程说明:① 客户在经销商处选定车型并申请贷款;② 经销商对客户进行资信审查,与客户签订购车合同;③ 银行对客户审定并办理贷款有关手续;④ 银行向经销商划拨款项;⑤ 经销商帮助客户进行合同的签订、抵押权登记和车辆的上牌,以及各类保险;⑥ 手续齐全后,客户可以到经销商处进行提车;⑦ 银行向经销商支付佣金;⑧ 客户按分期付款合同还款给银行。

4. 以非银行机构为信用主体的服务流程

业务流程说明:①客户在经销商处选定车型并申请贷款;② 经销商将客户的贷款资料传给汽车金融公司;③ 汽车金融公司向信用调查机构咨询客户的信用状况,进行信用评估;④ 金融公司通知经销商客户的贷款情况,授权经销商同客户签订融资合同;⑤ 汽车金融公司帮助客户进行抵押权登记和车辆的上牌;⑥ 手续齐全后,客户可以到经销商处进行提车;⑦ 汽车金融公司向经销商支付款项;⑧ 客户按分期付款合同还款给汽车金融公司;⑨ 汽车金融公司将客户的还款信息传给信用调查机构。

6.2.4 汽车消费信贷风险

1. 我国汽车消费信贷的主要问题

经过最近几年的发展,汽车消费信贷业务量不断增加,但仍然存在很多问题,限制了汽车消费信贷业务的继续发展与提升,主要表现在以下几个方面。

1) 传统的消费观念问题

在国内,对于大多数消费者而言,量入为出的观念根深蒂固,将养老和供养子女上学作为储蓄的主要目的,消费信贷的观念比较落后,这是由于我国居民收入低下。虽然从1994年后我国城乡居民人均收入增长幅度逐年下降,收入增长明显滞后于经济增长,导致消费增长滞后,同时消费者对于刺激消费的措施反应不明显。如何转变消费者的观念,树立消费信贷理念,从而促进汽车消费信贷行业的发展,是一个需要不断寻找方法的问题。

2) 征信体系的建设问题

目前,我国的征信系统还不完善,主要表现在如下几个方面:相关法律、法规的滞后,信息的采集范围还比较狭窄,信息的服务范围也比较狭窄,信息服务相关机构的性质和服务界定尚未决定。

3) 对汽车金融服务公司的限制较多

根据新《汽车贷款管理办法》的规定,目前汽车金融公司在国内开展信贷业务受到许多限制。资金来源受到限制导致运营成本增加;不能开展异地业务,很多具有较大营利性的租赁等中间业务不能开展,这些问题都对汽车金融公司的盈利能力提出很高的要求。这些限制主要表现在如下几个方面:汽车金融服务公司的业务范围将受到限制,汽车贷款利率受到限制,汽车金融服务公司的资金来源受到限制。

4) 消费环境问题

消费环境问题主要表现在汽车购买手续繁多,税费和使用费负担过重,严重阻碍着汽车消费。目前,按照税法设计汽车消费的税收有增值税、消费税和车船使用税这三项,经国务院及其职能部门审批的收费项目有车辆购置附加税、公路养护费、机动车辆号牌费、机动车驾驶证费、交通事故处理费、出租汽车管理费和车辆通行费。

同时,地方保护割裂了消费市场、贷款支持的车型少、停车场地少且费用高、道路拥挤等问题,也不同程度地恶化了汽车消费环境,挫伤了消费者的消费心理。

5) 担保和保险问题

在我国,商业银行办理汽车消费贷款规定的担保方式包括:房产物业抵押、有价证券质押和第三方担保这三种。但是目前在我国,存在各种限制担保的问题,如能够以房产物业抵押为购车担保,且房产物业抵押需要有房屋管理部门进行评估、抵押登记,这个办理过程比较繁琐;对于第三方担保这种方式,学校和机关不能作担保,私人企业原则上不能作担保,有能力的企业大多数不愿意作担保;在银行办理的汽车消费贷款业务中,大部分由保险公司提供履约保证保险,但大多数的保险公司尚未开展此项业务。

6) 人才匮乏的现状急需解决

目前,汽车金融服务行业最缺乏的是监管人才、管理人才、关键部门的业务骨干这三类人才。同时汽车金融服务公司本身就承担着比较大的风险,所以企业能规避风险的最核心办法就是加强人才的选拔和管理。

2. 汽车消费信贷风险分析

1) 以银行为信用主体的风险分析

除去我国个人信用体系尚未健全给银行消费信贷业务带来的风险以外,还存在一些其他的风险,主要体现在以下几个方面。

(1) 汽车信贷业务特点给银行带来风险

汽车消费信贷与其他贷款种类相比,贷款数额小,而且贷款流程复杂,汽车贷款流程包括审核、贷款、购车、后期的售后服务、贷款催收以及收回的抵押车的处理等。这些都要求银行工作人员应具有相关的汽车专业知识和经验,这对银行来说成本很大。因此,银行贷款做得越多,风险积聚也越多。

(2) 银行内部管理存在着缺陷

银行内部各部门之间、岗位之间协作不好,办事效率低,操作不按规定,致使业务办理过程中出现脱节和漏洞,服务差、管理乱,形成贷款风险。

银行在选择经销商时没有慎重对待,会使一些因资金力量不强或经营不善的汽车经销商,往往通过虚抬车价的办法,从银行套取多余贷款补充其经营资金或弥补经营亏损,经销商不承担风险,使银行蒙受损失。

在汽车信贷的风险管理上,银行往往采取风险转移的方式。保险公司推出购车信用保证保险,承担了60%~70%的风险,经销商承担了10%~20%的风险,使得银行的风险大大降低。因此,银行的评估流于形式或基本不做信用评估。

(3) 银行对客户的还款能力难以把握

汽车消费信贷服务对象主要是个体购车者,数量多,额度小而分散。银行需要花费大量的人力来进行资信调查、审核和管理,不仅成本高、效率低,而且由于银行本身的属性,对违约车辆的处置和变现也都比较困难,客户发生违约,处置成本会很高。因此,一旦客户违约,银行就非常被动。

(4) 消费者负担过重存在违约风险

这种模式下消费者除承担银行利息外,还要承担保证保险、代理费(律师费)等各项支出。另外,购车过程涉及范围较广,除汽车本身价格以外,还有保险、上牌以及售后服务等问题,这部分就又构成了消费者购车的成本。即购车成本=车价+银行利息+保证保险+代理费+上牌费+其他。这些都会影响汽车购买者的还款意愿,导致逆向选择行为的发生。

2) 以经销商为信用主体的风险分析

以经销商为信贷主体的汽车信贷消费的风险主要是由经销商(或与保险公司共同)承担。在此,经销商已不仅是汽车销售者,也是个人信用的管理者与风险控制者。银行通过汽车经销商(保险公司)的担保来转移和化解风险,间接地与客户形成借贷关系。商业银行积极与汽车经销商合作,借助经销商之力抢占市场,实现业务的快速增长的同时,也引起了银行与经销商之间的矛盾。具体而言,该模式汽车消费信贷风险主要体现在以下几个方面。

(1) 银行对经销商的选择风险

银行对汽车经销商的选择上存在风险。在汽车消费信贷中,汽车经销商是重要的参与者。虽然银行监管部门要求各商业银行加强对汽车经销商的资质审查和贷款管理,严防经销商通过制造虚假购车合同骗取汽车消费贷款等,但是目前商业银行还没有建立经销商资信评级体系,担保人资格认定不规范,经销商一般只要开立基本账户,存入一定数额的保证金就有资格成为担保人,而银行对经销商的财务状况、经销商高级管理人员的个人能力及资信情况,却没有做出具体的要求。汽车经销商出于自身的短期利益,往往美化借款人条件,以致银行缺乏对借款人真实还款能力的掌握,从而第一还款来源难以保证。

(2) 银行和经销商存在利益冲突

由于汽车消费贷款属于银行的零售业务,银行直接面向客户成本太高,实践中银行通常委托经销商推荐客户并代办有关资信手续,经销商经营目标是销售最大化,银行的经营目标是在一定收益的情况下保证信贷资金的安全,二者存在着利益冲突。

(3) 其他部门给汽车信贷带来潜在风险

汽车信贷过程中涉及工商、车管、公证、保险等诸多部门,中间环节过多,由于某些部门工作效率低和服务意识弱,收费不合理,给消费者带来诸多不便,导致潜在的风险。据统计,目前我国汽车贷款违约率平均高达12%,少数地区甚至超过40%。而在美国等西方成熟的市场上,车贷通常的坏账率在3‰~5‰。过高的违约率使我国的汽车消费信贷市场蕴藏着巨大的风险,严重制约我国汽车消费信贷的发展。

3) 以汽车金融公司为信用主体的风险分析

以汽车金融公司为信贷主体的汽车信贷模式,可以在一定程度上完善其他两种模式的不足。以银行为信贷主体的信贷模式中,银行在发展业务上虽具有资金及金融管理上独特的优势,但却缺乏汽车信贷业务的专业知识,而且汽车信贷业务的特点也给银行带来了较高的成本。以经销商为信贷主体的信贷模式尽管使消费者有了更大的选择空间,享受到专业化的增值服务,但是销售商的资金有限,从而限制了汽车信贷业务的开展。汽车金融公司在我国起步晚,没有丰富的经验,约束因素较多,扩张困难,短时间内无法得到很快的发展,因此需要我国各个信贷主体的相互合作,实现双赢。

6.3 汽车保险

6.3.1 汽车保险概述

1. 汽车保险的概念

汽车保险是以保险汽车的损失,或者以保险汽车的所有人,或者驾驶员因驾驶保险汽车发生交通事故所负的责任为保险标的的保险。汽车保险包括以下几层含义。

(1) 它是一种商业保险行为。保险人按照等价交换关系建立的汽车保险是以营利为目的的。简而言之,保险公司要从它所开展的汽车保险业务上赚到钱,因此汽车保险属于一种商业行为。

(2) 它是一种合同行为。投保人与保险人要以各类汽车及其责任为保险标的签订书面的具有法律效力的保险合同,比如要填制保险单,否则汽车保险没有存在的法律基础。

(3) 它是一种权利义务行为。在投保人与保险人所共同签订的保险合同(如汽车保险单)中,明确规定了双方的权利与义务,并确定了违约责任,要求双方在履行合同时共同遵守。

(4) 它是一种以合同约定的、以保险事故发生为条件的损失补偿或保险金给付的保险行为。正是这种损失补偿或保险金给付行为,才成为人们转移车辆及相关责任风险的一种方法,才体现了保险保障经济生活安定的互助共济的特点。

2. 常用的保险名词

(1) 保险标的。保险标的指保险合同中载明的投保对象,可以是人的生命、身体、财产、利益、责任。例如财产保险中,汽车保险是一种运输工具保险,它以汽车本身及第三者责任为标的,货物运输的保险标的是运送的货物;人寿保险和健康保险中,人的生命或身体为保险标的。保险标的可以是无形的,如责任保险的保险标的为被保险人依法应承担的经济赔偿责任。

(2) 被保险人。指受保险合同保障的汽车所有者,即《机动车行驶证》上登记的车主。

(3) 保险人。保险人就是有权经营汽车保险的保险公司。

(4) 投保人。投保人是指与保险公司订立合同、负有支付保险费义务的单位或个人,即办理保险并支付保险费的人。如果车主为自己的汽车投保,则投保人与被保险人是一致的;如果其他人为不属于自己的汽车投保,则投保人与被保险人是不一致的。

(5) 第三者。保险合同中,保险人(即保险公司)是第一方,也叫第一者;被保险人是第二方;第三者是指被保险人及其财产和保险车辆上所有人员及其财产以外的所有人员及财产。车上的驾驶员和所有乘坐人员不属于第三者,但下车后可视为第三者。保险车辆上的财产是指归被保险人及其驾驶员所有的财产或其代管的财产,这些财产均不属于第三者责任保险的范畴。

(6) 保险价值。保险价值是投保人与保险公司订立保险合同约定的保险标的的实际价值,即投保人对保险标的所享有的保险利益的货币价值,是确定保险金额和确定损失赔偿的计算基础。保险标的的保险价值可以由投保人和保险人约定,并在合同中载明,也可以按投保时保险标的的市场价值确定。

(7) 实际价值。在投保或事故发生时,所投保车辆除折旧等因素以后的价格。

(8) 保险金额。保险金额是保险公司赔偿的最高限额。可以按保险价值确定,也可以由保险双方协商确定,或者由实际价值确定。如果保险金额高于保险价值,超出的部分无效;如果保险金额低于保险价值,发生部分损失时按以下比例赔偿:赔偿金额=损失金额×保险金额/保险价值。

(9) 保险费。交给保险公司的实际保险费用,通常保险费的收取按保险金额与保险费率的乘积来计算,保险费率是保险费与保险金额的百分比。有时保险费也按固定的金额来收取,如第三者责任险的保险费。

(10) 免赔额。指事先由双方约定,被保险人自行承担一定比例金额的损失。损失额在免赔额之内,保险人不负责赔偿。免赔额又分为相对免赔额和绝对免赔额。

(11) 相对免赔额。指损失额在一定免赔额内不赔,超出免赔额时,保险人按实际损失额不做折扣地赔偿。例如,规定相对免赔额为 500 元,如果发生损失,损失金额为 490 元,由于损失在相对免赔额内,保险公司不赔。但如果发生损失的损失额为 1 000 元,由于损失超过相对免赔额,保险公司赔偿 1 000 元的全部损失。

(12) 绝对免赔额。指无论什么情况,保险公司都不赔的金额。例如,规定绝对免赔额为 500,如果发生损失的金额为 1 000 元,按照绝对免赔,保险公司只赔偿 500 元。如果损失为 490 元,保险公司不赔。

(13) 免赔率。保险公司赔偿金额中不赔部分占总金额的比例。如免赔率是 20%,则当汽车损失险的赔偿额为 1 000 元时,保险公司只赔 800 元,其余 200 元是免赔额。免赔率一般是在保险条款中事先约定的。

(14) 不计免赔。不计免赔是一种附加险,可以附加在车损险上。也可以附加在第三者责任险上。有的公司还可以附加在车上货物责任险和无过失责任险上。其作用是对于保险条款中规定的,应该由被保险人根据事故责任自己承担的部分损失,保险公司负责赔偿。即免赔率造成的被保险人的损失,也由保险公司赔偿。当然投保了这个附加险也不是什么都可以赔。如汽车被盗,即便投保了盗抢险和不计免赔险,也有 20% 的免赔率,险公司都事先约定这 20% 不赔。

(15) 保险责任。保险条款中列明的保险公司能够赔偿的内容,但要注意,有些造成保险事故的原因比较特殊,可能就在责任免除条款中免除了。如没有驾驶执照造成的事故,保险公司不予赔偿。

(16) 责任免除。保险条款中规定的保险公司不负责赔偿的部分。有些责任免除内容可以采用另外补交一部分保费的方式(如投保附加险)而获得保险公司的赔偿。

(17) 勘查。车辆发生事故以后,保险公司的人员到事故现场进行查看、拍照、测量分析,对事故车辆或受损财产进行初步鉴定的工作。

(18) 保险赔款。出险后,保险公司经过赔款理算,最终付给被保险人的赔款。

6.3.2 汽车保险种类

在我国,机动车辆保险一般包括交强险和商业险。

1. 交强险

交强险(全称为机动车交通事故责任强制保险)是我国首个由国家法律规定实行的强制保险制度,它是由保险公司对被保险机动车发生道路交通事故造成受害人(不包括本车人员和被保险人)的人身伤亡、财产损失,在责任限额内予以赔偿的强制性责任保险。

2. 商业险

商业险包括基本险和附加险两部分。

(1) 基本险

① 机动车损失保险

保险期间内,被保险人或其允许的驾驶人在使用被保险机动车过程中,因碰撞、倾覆、坠落、火灾、爆炸、外界物体坠落、倒塌、雷击、暴风、暴雨、洪水、龙卷风、冰雹、台风、热带风暴、地陷、崖崩、滑坡、泥石流、雪崩、冰陷、暴雪、冰凌、沙尘暴,受到被保险机动车所载货物、车上人员意外撞击,载运被保险机动车的渡船遭受自然灾害(只限于驾驶人随船的情形),造成被保险机动车的直接损失以及为防止或者减少被保险机动车的损失所支付的必要的、合理的施救费用,且不属于免除保险人责任的范围,保险人依照本保险合同的约定负责赔偿。

② 机动车第三者责任保险

保险期间内,被保险人或其允许的驾驶人在使用被保险机动车过程中发生意外事故,致使第三者遭受人身伤亡或财产直接损毁,依法应当对第三者承担的损害赔偿责任,且不属于免除保险人责任的范围,保险人依照本保险合同的约定,对于超过机动车交通事故责任强制保险各分项赔偿限额的部分负责赔偿。

③ 机动车车上人员责任保险

保险期间内,被保险人或其允许的驾驶人在使用被保险机动车过程中发生意外事故,致使车上人员遭受人身伤亡,且不属于免除保险人责任的范围,依法应当对车上人员承担的损害赔偿责任,保险人依照本保险合同的约定负责赔偿。

④ 机动车全车盗抢保险

保险期间内,被保险机动车被盗窃、抢劫、抢夺,经出险当地县级以上公安刑侦部门立案证明,满60天未查明下落的全车损失,以及受损零部件及设备修复的合理费用,且不属于免除保险人责任的范围,保险人依照本保险合同的约定负责赔偿。

(2) 附加险

① 玻璃单独破碎险

保险期间内,被保险机动车风窗玻璃或车窗玻璃的单独破碎,保险人按实际损失金额赔偿。

② 自燃损失险

保险期间内,指在没有外界火源的情况下,本车电器、线路、供油系统、供气系统等被保险机动车自身原因或所载货物自身原因起火燃烧造成本车的损失;以及为防止或者减少被保险机动车的损失所支付的必要的、合理的施救费用,由保险人承担。

③ 新增加设备损失险

保险期间内,投保了本附加险的被保险机动车因发生机动车损失保险责任范围内的事故,造成车上新增加设备的直接损毁,保险人在保险单载明的本附加险的保险金额内,按照实际损失计算赔偿。

④ 车身划痕损失险

保险期间内,投保了本附加险的机动车在被保险人或其允许的驾驶人使用过程中,发生无明显碰撞痕迹的车身划痕损失,保险人按照保险合同约定负责赔偿。

⑤ 发动机涉水损失险

保险期间内,投保了本附加险的被保险机动车在使用过程中,因发动机进水导致的发动机的直接损毁,以及为防止或者减少损失所支付的必要的、合理的施救费用,保险人负责赔偿。

⑥ 车上货物责任险

保险期间内,发生意外事故致使被保险机动车所载货物遭受直接损毁,依法应由被保险人承担的损害赔偿责任,保险人负责赔偿。

⑦ 不计免赔率险

保险事故发生后,按照对应投保的险种约定的免赔率计算的、应当由被保险人自行承担的免赔金额部分,保险人负责赔偿。

6.3.3 汽车保险方案

除了交强险必须投保外,商业险中的基本险和附加险均可自愿投保,即交强险可与各种商业险自由组合,因此构成上百种投保方案,在这众多投保方案中,私家车常用的投保方案主要有以下4种。

1. 全面型

(1) 险种组合:交强险+商业三责险(30万元)+车损险+车上人员责任险+盗抢险+玻璃单独破碎险+不计免赔特约+车身划痕损失险。

(2) 特点:保全险,居安思危。能保的险种全部投保,从容上路,不必担心交通所带来的种种风险,几乎与车有关的全部事故损失均能得到赔偿。

(3) 适用对象:适合于新车新手及需要全面保障的车主。

2. 常规型

(1) 险种组合:交强险+商业三责险(20万元)+车损险+车上人员责任险+盗抢险

＋不计免赔特约。

(2) 特点:投保最有价值的险种,保险性价比最高。

(3) 适用对象:适合于有长期固定人员看守的停放场所停放的车辆,也适合于有一定驾龄、愿意自己承担部分风险的车主。

3. 经济型

(1) 险种组合:交强险＋商业三责险(10 万元)＋车损险＋不计免赔。

(2) 特点:费用适度,能够提供基本的保障。

(3) 适用对象:适用于车辆使用较长时间以及驾驶技术娴熟、愿意自己承担大部分风险的车主。

4. 风险型

(1) 险种组合:只购买交强险。

(2) 特点:交强险只赔付事故中第三方(受伤害一方),人员伤亡最高赔付 11 万元,住院医疗 1 万元,财产损失 2 000 元。重大车祸造成的人员伤亡赔付会超过 11 万无,住院医疗费用也是远远不够,2 000 元的车辆损失费用更是相差甚远。并且,自己的车损或被盗需自己承担。因此,此搭配风险极大。

(3) 适用对象:急于上牌照、急于通过年检、有经济压力或愿意自己承担巨大风险的车主。

6.3.4 汽车保险承保业务流程

保险公司承保业务的流程主要包括:保户填写投保单,交纳保险费;保险公司承保、签订保险合同,包括核保、出具保单、出具保险费的收据;保险标的发生损失,保户向保险公司提出索赔;保险公司查勘;经核查为属于保险责任,保险公司支付赔偿,经核查为不属于保险责任,保险公司拒绝支付赔偿;续保等。

1. 投保

投保是指投保人向保险人提出签订保险合同的意愿,即填写投保单,交给保险人。投保单是投保人向保险人申请签订保险合同的依据,也是保险人签发保单的依据,它对投保人和保险人双方都是不可或缺的。投保单的内容主要包括投保人的名称、车辆种类、厂牌型号、号牌号码、发动机号码及车架号、使用性质、吨位或座位、行驶证、初次登记年月、保险价值、车辆损失险保险金额的确定方式、第三者责任险赔偿限额、附加险的保险金额或保险限额、车辆总数、保险期限、联系方式、特别约定、投保人签章。

2. 核保

核保是保险公司在业务经营过程中的一个重要环节,它是指保险公司的专业技术人员对投保人的申请进行风险评估,决定是否接受这一风险,并在决定接受风险的情况下,决定承保的条件,包括使用的条款和附加条款、确定费率和免赔额等。核保的主要内容是核查投保人的资格、投保人或被保险人的基本情况、投保人或被保险人的信誉、保险标的、保险金额、保险费、附加条款等。

3. 缮制和签发保险单证

业务人员接到投保单及其附表后,根据核保人员签署的意见,对保险单进行缮制。接着,复核人员接到投保单、保险单及其附表后认真对照复核,确认无误后在保险单上签章。然后,投保人交纳保险费,并领取由保险公司开具的保费收费。最后业务人员填写保险单并加盖保险公司业务专用章,以及根据保单填写《机动车辆保险证》并加盖业务专用章,将签发的保险单、保险证交由被保险人收执保存。

4. 续保

续保是指在保险单的保险期满以后,投保人在同一保险人处重新办理保险汽车的保险事宜。

5. 批改

批改是指在保险单签发以后,因保险单或保险证需要进行修改或增删时,签发书面证明。它的主要内容包括保险金额增减、保险种类增减或变更、车辆种类或厂牌型号变更、保险费变更、保险期变更。

习 题

1. 汽车金融服务的内容和作用有哪些?
2. 简述汽车消费信贷的特点。
3. 我国个人汽车消费信贷有哪三种模式?
4. 分析我国目前汽车消费信贷存在的风险。
5. 汽车保险有什么特点?
6. 简述交强险和第三者责任险的概念。
7. 试分析车保险业的现状与发展趋势。

第 7 章　事故现场勘查

7.1　事故现场的分类

正确区分交通事故现场类别是现场勘查工作的重要一步,从现场完损状态和是否重新设置两个方面,事故现场可以划分为不同类别。

1. 按现场完损状态分类

(1) 原始现场

也称第一现场,是指没有遇到任何改变或破坏的现场,即车辆、人、畜和一切与事故有关的痕迹、物证均保持事故发生后的原始状态。原始现场完整地保留着事故发生后时间、空间、变化状态,可为事故原因的分析和事故责任的认定提供客观依据。原始现场能为事故分析提供最直接的凭据,因此必须强调原始现场的勘查价值,尽可能将事故现场的原始状态保留到现场勘查之时,是取证价值最大、最理想的现场。

(2) 变动现场

也称移动现场,是指事故发生后到现场勘查之前,某种自然的或人为的原因,使现场的原始状态部分或全部地受到变动的现场。这类现场不能充分为事故分析提供直接依据,有时甚至完全失去起码的痕迹和物证,造成案情分析的困难。但是由于交通事故的特殊环境,在事故发生后,要想保留原始现场、避免现场变动几乎是不可能的。所以在现场勘查时所见到的现场多为变动现场。通常引起现场变动的原因有以下几种。

① 抢救伤员或排险。为抢救伤者必须移动伤者或死者的倒卧位置,有时要改变车辆的位置;为排险必须清理易燃、易爆及有毒物质等。

② 保护不当。事故发生后由于未及时封闭现场,有关痕迹被过往车辆和行人碾踏,使痕迹不清或消失。

③ 自然破坏。由于雨、雪、日晒等自然因素,无遮盖的现场痕迹被冲刷、覆盖、挥发消失等。

④ 允许变动。有特殊任务的车辆,如消防、警备、救险等车辆发生事故后,允许驶离现场;或在主要路段,为了避免交通阻塞,经允许移动车辆或有关物件。

⑤ 车辆驶离。发生事故后,车辆驾驶员无意(未发觉)将车辆驶离现场。

(3) 破坏现场

是指道路交通事故发生后,与道路交通事故有关或被唆使的人员故意改变道路交通事故现场车辆、物体、痕迹、物证等的原始状态,企图达到逃避责任或者嫁祸于人的目的。破坏现场应属于变动现场的范围,但其性质恶劣,因此单独列为一类。

从现场破坏的情节,可分为逃逸现场和伪造现场。

① 逃逸现场。是指肇事人为了逃避责任,在明知发生交通事故后,故意驾车逃逸而造成的破坏现场。如果当事人不知道发生事故而驾车驶离现场、造成现场变动的,不视为逃逸现场,而应视为变动现场。

② 伪造现场。与一般变动现场不同,伪造现场属当事人为了逃避责任、毁灭证据或达到嫁祸于人的目的,有意改变或布置假现场,即在原始现场的基础上加以伪造或肇事逃逸驶离现场,另行伪造假现场。伪造现场的特点是现场中事故事态悖于常理,不符合发生事故的客观规律。

2. 根据现场是否由办案人员重新设置分类

(1) 原发现场

是交通事故发生后所存在的现场,包括原始现场、变动现场、破坏现场,它是交通事故现场勘查人员工作的对象。

(2) 再现现场

是指道路交通事故办案人员根据需要,重新恢复、布置的现场。根据再现手段及目的的不同,再现现场又可以分为恢复现场和布置现场。其中恢复现场是根据现场勘查记录等材料,重新恢复现场,以供道路交通事故分析或复查案件使用。布置现场则是根据目击证人或当事人的指认,对由于种种原因,已经不存在的原发现场所进行重新布置的现场。

7.2 事故现场勘查

7.2.1 事故现场勘查的目的

(1) 发现道路交通事故现场各种痕迹、物证和言证,研究道路交通事故的内在联系,从而判明当事各方的道路交通违法情节,为分析、研究发生道路交通事故的全过程提供依据。

(2) 判明发生道路交通事故的主客观因素。也就是说除当事人的道路交通违法因素外,地形、地物、道路状况、安全设施、气候条件等,是否对发生道路交通事故产生必然的影响。

(3) 从所掌握的证据、查询、现场丈量资料和数据中,分析道路交通事故的因果关系,发生道路交通事故的原因和责任,为确定道路交事故罪与非罪的界限提供依据。

(4) 根据所搜集到的各种痕迹和物证,判定是原始现场还是变动现场,或者是伪造现场还是逃逸现场,从而为鉴定道路交通事故现场的真伪和判断逃逸车辆的车型、特征、逃逸方向提供依据,确定侦破措施、手段和范围,为侦破案件提供线索和证据。道路交通事故现场勘查,是公正、客观、严密地查明道路交通事故真实情况的根本措施,对道路交通事故的处理具有十分重要的意义,务必全面、周密,不能掉以轻心,草率行事。

7.2.2 勘查现场的工作内容

道路交通事故现场勘察一般包括实地勘查、现场访问、现场分析、现场试验四个方面。

1. 实地勘查

实地勘查是以查明道路交通事故过程,发现和提取痕迹、物证为主要目的,对道路交通事故现场进行勘验、检查、拍摄、摄像、测量、绘图、记录等专项活动。

实地勘查的主要工作内容包括以下几个方面。

(1) 现场摄影

就是用现场拍摄的照片记录现场地貌、车辆、尸体、痕迹及散落物品的位置和状态的勘查手段。对于变动现场,拍照前应将受伤者原始倒卧位置或尸体、物体的原始位置用白线画出。照片应从不同角度和不同距离拍摄,以便全面真实地记录现场景象。

(2) 绘制现场草图

即将现场的道路、车辆、人体、物品及有关事故痕迹的状况用平面图记录下来的勘查手段。现场徒手绘制的平面图虽是一种草图,但由于采用了规定的画法符号,并按比例将现场车、物、人体、痕迹表现在图面上,将它们之间的位置用尺寸数字标出,所以现场草图比照片能更准确地记录现场情况,它与照片相互补充,都是现场勘查不可缺少的。现场草图的绘制和尺寸标注必须全部在事故现场中完成。草图还应在现场核对,以便及时修改和补充。草图绘制完成后,应由现场勘查的负责人审定,并征得事故当事双方认可。

(3) 现场测量

现场测量其实是绘制现场草图工作的一部分。因为测量所得的数字,其大部分都要标注到现场草图上去。现场测量一般采用最普通的以直尺、卷尺为量具的直接人工测量方法,必要时也使用某些简单仪器。现场测量主要测定一些与事故相关的尺寸,包括测量肇事车辆上的有关尺寸及其在现场道路上的定位尺寸,道路的宽度、标线位置,制动印痕的长度、起始位置;测量尸体、血迹、受伤人体的位置、散落物的面积;测量有关交通元素的行进路线的位置;测量车辆车身损伤位置、面积、深度;测量坠车事故车辆的下落距离及相关的地形尺寸等。

(4) 采集物证

现场物证对事故原因的分析和当事人责任认定所起的作用尤其重要,因此现场勘查就必须有条不紊地仔细收集一切可用的、甚至具有分析价值而可能用不上的物证。采集的物证包括:车辆事故接触部位黏附的物体,如漆皮、纤维、木屑,人体的皮肉、毛发、血迹;现场地面的遗落物体,如车辆上的零件、润滑油,人身上的佩物、纽扣、鞋、血迹等。同时,清理死者随身遗物并进行登记。

2. 现场访问

现场访问是以查明道路交通事故发生前后当事人、道路、交通环境、车辆等的基本情况,以开辟线索来源为目的而进行的询(讯)问当事人及证人的活动。通过访问具体要了解的内容通常包括道路交通事故当事人的基本情况、道路交通事故发生的基本事实、其他与道路交通事故有关的情况等。

现场访问应重点了解如下问题:
(1) 肇事者的个人情况,如年龄、性别、驾驶经历、事故记录等。
(2) 发生事故的时间、地点、车辆、出车事由、乘客人数或载物数量。
(3) 发生事故时的估计车速,发现险情时车辆的位置、所采取的措施。
(4) 事故过程的具体情况。
(5) 逃逸车辆的车型、车号、颜色、去向等可供侦缉的线索。

3. 现场分析

现场分析是在道路交通事故现场勘查基本结束时,对现场勘查的全部材料进行全面、综合分析研究,初步做出符合实际的推理判断,揭示道路交通事故现场上各种现象的本质及其内在联系,初步分析道路交通事故当事人的道路交通安全违法行为以及导致道路交通事故的过错或者意外情况,判断案件性质以及道路交通事故成因的重要工作程序。

现场分析的主要工作内容包括以下几点:
(1) 查明事故的性质。
(2) 确定事故发生的时间。
(3) 确定肇事车辆和驾驶员。
(4) 确定事故发生的经过。

4. 现场试验

现场试验是分析案情、查明事故事实、解释某些事故现象,以及审查判断某些证据的一种手段。在现场勘查或现场分析过程中,有时对某些痕迹或事实的认识上有分歧,或者有怀疑,这时就可以通过现场试验来验证、查明某些痕迹或事实的形成原因。

现场试验的主要工作内容包括以下几点:
(1) 肇事车辆的车速与制动距离。
(2) 肇事车辆的有关技术性能。
(3) 车身、路面、衣着等痕迹的形成。
(4) 车辆接触部位与方位。

7.3 汽车损伤鉴定

7.3.1 汽车损伤鉴定方法

汽车结构复杂,零部件繁多,这给估损工作带来了很大挑战。估损过程中如果没有采用科学合理的方法,很容易造成维修项目的遗漏或者重复计算,而导致理赔工作不能顺利开展,使顾客或者保险公司受损。

科学规范的检查程序可以最大限度地减少估损单中遗漏或重复的项目,保证估损单的准确性,同时还最大限度地减少了将来对估损单进行增补的可能性。

目前,对事故汽车损伤鉴定通常采用美国的"区位检查法"。

1. 区位检查法

区位检查法是由美国汽车厂和汽车碰撞维修国际工业委员会(I-CAR)共同创立的,在北美已经应用多年,其科学性和有效性已得到充分验证。

区位检查法是将事故汽车分成多个区域,逐一对各区域进行损伤鉴定。不同的区域应采用不同的鉴定方法。通常将碰撞事故汽车分成以下5个区域。

区域1:直接碰撞损伤区,又称为一次损伤区[图7-1(a)]。

区域2:间接碰撞损伤区,又称为二次损伤区[图7-1(b)]。

区域3:机械损伤区,即汽车机械零件、动力传动系统零件、附件等损伤区[图7-1(c)]。

区域4:乘员舱区,即车厢的各种损坏,包括内饰件、灯、附件、控制装置、操纵装置和饰件等[图7-1(d)]。

区域5:外饰和漆面区,即车身外饰件及外部各种零部件的损伤[图7-1(e)]。

(a) 区域1(一次损伤区)

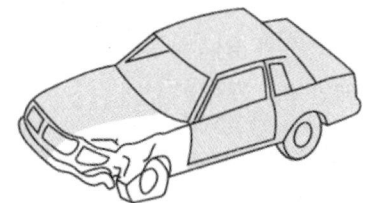
(b) 区域2(二次损伤区)

(c) 区域3(机械损伤区)

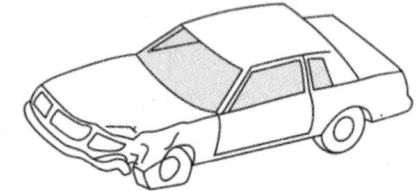
(b) 区域4(乘员舱区)

(e) 区域5(外饰和漆面区)

图7-1 汽车损伤分区

对事故车进行损伤鉴定时,应当从一个区位到另一个区位逐个地仔细检查,同时按顺序记录车辆的损伤情况。无论是用区位检查法还是其他方法,在检查事故车时都应遵循以下顺序。

(1) 从前到后:从事故车的前面往后面依次检查,但对于后端碰撞,应当从后到前检查。

(2) 从外到内:先查看外部零部件的损坏情况,如装饰件,然后再检查内部结构件和连接件的损坏情况。

(3) 从主到次:先查看主要总成的损坏情况,然后再查看小器件和其他的损坏情况。

2. 一区损伤鉴定

一区又称一次损伤区,或直接损伤区。

一区系统性检验的第一步是查看,然后列出汽车碰撞直接接触点的车身一次损坏。由于车辆结构、碰撞力和角度以及其他因素的差异,一次损坏区域是多种多样的。大致上,一次损坏造成翼子板变形和开裂以及零件破碎。一次损坏是可见的,不需要测量。

对于前部碰撞事故,一区应查看的项目通常包括但不限于:前保险杠总成、格栅、发动机罩、翼子板、前车灯、玻璃、前车门、前车轮、油液泄露。

对于后部碰撞,一区应查看的项目通常包括:后保险杠总成、后侧围板、行李箱盖后车灯、玻璃、后车轮、油液泄漏。

对于侧面碰撞,一区应查看的项目通常包括:车门、车顶、玻璃、立柱、前车身底板、支撑件、油液泄漏。

在列出受损的外部板件和部件后,有时要将事故车举升起来,检查以下部位的损伤情况:车身底部板件、发动机支架等支撑件、结构性支撑、横梁和纵梁。

为了检查哪些部位受到损伤,应当查找以下线索或痕迹:缝隙,卷边损坏,裂开的焊点,扭曲的金属板。

一定要密切关注结构横梁,因为车辆的强度取决于所有结构件的状况。在修复事故车时,必须对所有的小裂缝、划伤或裂开的焊点进行适当的修理,这样才能保证车辆性能恢复到设计要求。

3. 二区损伤鉴定

二区又称二次损伤区,或间接损伤区。

1) 二次损伤机理

二次损坏是指发生在区域1之外,并离碰撞点有一段距离的损坏。二次损坏是在碰撞力向汽车移动的过程中形成的,也就是碰撞力从冲击区域延伸到车身毗连区,并且碰撞能在向毗邻板件移动的过程中被吸收。碰撞力传递到较大范围的区域,使汽车的任何零件均可能受到影响。

撞击力在汽车上传递距离和二次损坏程度取决于碰撞力的大小和作用方向以及吸收碰撞能的各个结构件的强度。许多承载式汽车车身被设计成能压溃并能吸收碰撞能的结构以便于保护车内乘员。这些区域是二次损坏的多发区。

二次损坏也可由动力传动系和后桥的惯性力造成。由于车辆因碰撞突然停止,惯性质量和向前运动,机械零部件的惯性力全部作用到固定点和支撑构件上。毗邻金属可能发生皱褶、撕裂或开焊。因此,必须注意检查悬架、车桥、发动机和变速器固定点。

二次损坏有时不容易发觉,但它仍有一些可见迹象,二次损坏分析一般依赖于测量。

2）二次损伤的变形痕迹

通常,以下变形痕迹预示着事故车可能存在一些二次损伤或隐蔽损伤:板件产生皱褶或变形;油漆产生皱褶或裂纹;板件之间的间隙变得不均匀;接缝密封开裂;焊点断开。

在勘查前部被撞的事故车时,可以查看翼子板、发动机罩和车门等板件之间的间隙是否不规则。车辆后部也可能受到二次损伤,以至于行李箱盖或背门无法打开和关闭。对于严重的前部碰撞,应当查看前风挡立柱上部与车门窗框前上角之间的缝隙是否增大,比较左右两边的缝隙。如果缝隙变大,说明前围板向上推动了立柱,并且可能已使车顶受损。

查看外部板件是否产生皱褶。在严重碰撞事故中,中柱正上方的车顶板常常会产生皱褶。对于装有天窗的车辆,还要检查天窗窗框的各个边角是否有变形。外部板件的变形通常预示着内部结构件受到了二次损伤。

查看后轮罩上方、后门后部的后立柱下段是否开裂和变形,以及后角窗立柱正下方的后侧围板是否产生皱褶,这些痕迹都预示着后部车身纵梁可能弯曲。

打开发动机罩和行李箱盖,查看漆面是否产生皱褶,焊点密封剂是否开裂,以及焊点是否断开。碰撞力可能会使金属板在焊点处撕裂,并且使油漆松脱。

3）二次损伤的测量

(1) 测量工具

测量二次损伤部位可使用钢卷尺和轨道式量规进行。轨道式量规一次测量一个尺寸。测量值必须记录并通过另外两个控制点进行互相校核,其中至少一个为对角线测量值。轨道式量规的最好测量区是悬架上的附件和机械零部件的装配点,因为它们对校准至关重要。

(2) 车身前部的测量

如果前部车身在事故中受到损伤,在确定其损伤程度时要对前部金属板进行测量。即使只有一侧车身受到碰撞,另一侧也可能受到损伤,因此也要检查另一侧车身的变形情况。

注意检查那些对称的尺寸。对称是指测量点相对中线是相等的。在某些情况,被测量两点是不对称的。当车辆有对称的测量点时,不用逐一检查每一个尺寸。在这种情况下只需测量说明书中规定的几个测量点。

当用轨道式量规检查汽车前部尺寸时,测量点的最好区域应选在悬挂系统装配点和机械构件上,因为这些点对正确定位调整至关重要。每个尺寸应用两个参考点进行校验,其中至少一个参考点由对角线测量获得。尺寸越大,测量就越准确。例如,从发动机下前围区到发动机托架的前支座的测量比从一个下前围区到另外一个前围区测量得到的结果更准确,这是因为比较长的尺寸是在车辆比较大的区域中得到。每个控制点测量两次或多次可以保证数据比较准确,并有助于识别嵌板损坏的范围和方位。

(3)车身侧面的测量

在鉴定车身侧面构件的损伤情况时,可以对车门进行打开和关闭操作,因为车身侧面构件的变形可能会影响车门的正常开闭。另外还要注意有些部位变形可能会导致车身漏水。因此,损伤鉴定时必须进行精确测量。

如果车身(零件安装孔或参考孔)左、右对称,测量对角线则通常可发现是否存在变形,如果缺少发动机舱和车身下部的数据,或者没有车身尺寸图或车辆在翻车中严重地损坏,可以使用这种测量方法。车辆的两侧都受到损坏或发生挠曲时,对角线测量法就不适用了,因为左、右对角线尺寸差别不能测量。如果左边和右边的损坏一样,显然左、右对角线尺寸差也不会明显。

测量并比较左侧和右侧的长度,可以更好地说明损坏情况(此方法应与对角线测量法同时使用)。这个方法可以应用于左侧和右侧对称零部件的情况。

(4)车身后部的测量

在检查后部车身的变形情况时,可以通过打开和关闭行李箱,查看行李箱的开闭操作是否顺畅自如。为了查看变形的具体部位,检查是否有可能漏水,最好进行精确测量。另外,后地板的皱褶通常是后纵梁的变形引起的,所以在测量后部车身时应同时测量底部车身,这样也有利于更有效地对车身进行校正维修。

在使用轨道式量规时,一定要牢记以下几点:

① 测量点一定要选择车辆上的固定点,如螺栓、螺塞或孔。

② 量规测量的不是点到点的实际距离。

③ 量规杆应与车身平行,为了达到这个要求,有时需要将量规的指针设为不同的长度。

④ 为了绕过障碍物,可以使用较长一点的指针。

⑤ 有些车身尺寸手册给出的是量规尺寸,有些手册则给出的是点到点的长度尺寸,还有些两者都有。在查看尺寸手册时,一定要注意手册中给出的是哪种尺寸,采用与之相同的测量方法,否则容易出错。

⑥ 在对事故车进行测量时,一定要参照车身尺寸手册对指定的点进行测量。将规范值减去实测值就可以得到车辆的受损程度。不过,对于估损来说,板件的偏移量是多少并不重要。重要的是这些偏移量意味着车身已经发生损伤,估损单中必须考虑其维修工时和费用。

4. 三区损伤鉴定

三区又称机械损伤区。

在检查完车身的直接损伤和间接损伤之后,估损人员的下一个检查重点应当是三区:车辆的机械部件。对于前部碰撞的事故车,应当检查发动机罩下的散热器、风扇、动力转向泵、空调器件、发电机、蓄电池、燃油蒸发碳罐、前挡风玻璃清洗器储液罐以及其他机械和电子元件是否损坏。查看油液是否泄漏、皮带轮是否与皮带不对正、软管和电线是否错位以及是否有凹坑和裂纹等。

如果碰撞比较严重,发动机和变速器也可能受损。如果条件允许,应当起动发动机,怠速到正常工作温度。举升车辆,使车轮离开地面,在各个挡位运转发动机,听一听有没有异常的噪声。对于手动挡的车辆,检查换挡是否平顺,离合器的工作是否正常。查看节气门拉索、离合器操作机构和换挡拉索是否卡滞。

打开空调,确保空调正常运转。查看充电、机油压力等仪表板灯和仪表,如果检查发动机灯或类似的灯点亮,说明发动机存在机械或电控故障。

现在很多车辆都装备了车载诊断系统(OBD),具有自诊断能力,在电控系统出现某些故障时,控制计算机将存储故障码。这些故障码可以通过解码器或其他诊断设备读出,其所表示的具体故障和维修步骤可以在维修手册中查到。故障码表示车辆的某个系统或部位存在故障,它对于快速诊断和故障维修很有帮助。但是,估损人员应当知道,有些故障码可能在事故之前就已经存储在控制计算机中了,这些故障码并不是事故引起的。对于这些故障码,其维修费用不应当包含在保险估损单中,因为保险公司只负责将车辆修复到碰撞前的状况,而没有责任修复以前本已存在的故障。对于这些事故前已经存在的故障,在修复之前应当告知车主,征得其同意,并应当由车主自己付费。

机械损坏有时是间接损伤而不是直接碰撞的结果。发动机和变速器的质量很大,在碰撞中会因惯性向前移动多达 15 cm,从而造成其附件和相关元器件的损坏。因为发动机和变速器在事故后能够回到其原来的位置,所以它们造成的间接损伤通常不太容易被注意到。应当仔细检查发动机座是否损坏,皮带轮和皮带是否不对正,以及软管和拉索是否松动。

在完成发动机舱的检查后,用千斤顶举起事故车,检查车辆下面转向和悬架元件是否弯曲,制动软管是否扭绞,制动管路和燃油管路及其接头是否泄漏。检查发动机、变速器、差速器、转向机和减振器是否泄漏。将转向盘向左和向右打到头,检查是否卡滞,是否有异常噪声。转动车轮,检查车轮是否跳动,轮胎是否有裂口、刮痕和擦伤。降下车辆,使轮胎着地,转动转向盘,使车轮处于正直向前的位置,测量前轮毂到后轮毂的距离,左右两侧的测量值应当相同,否则,转向或悬架元件有损伤。

进行轮胎弹跳试验,快速检查车轮定位情况。

(1) 车轮上跳。当车轮滚过一个鼓包时,向上压缩悬架弹簧的动作。也就是说,车轮上跳时向车身靠近。在修理车间,在翼子板上向下压汽车即可模拟车轮上跳的动作。汽车两侧的上跳量应当相等。

(2) 车轮下跳。当车轮滚过一个凹坑或在上跳后回位时,向下拉伸悬架弹簧的动作。也就是说,车轮在下跳时远离车身。在修理车间,向上抬起翼子板即可模拟车轮下跳的动作。汽车两侧的下跳量应当相等。

车轮的弹跳试验可以检查出齿条齿轮式转向机是否对正。

在快速检查时,解开转向盘锁,查看转向盘在车轮跳动试验中是否晃动。如果要做更仔细的检查,可以用粉笔在胎面上做一个标记,将一个指针平齐地指向这个标记。然后由一个人做轮胎弹跳试验,由另一个人观察粉笔标记和指针,如果在多次弹跳试验后,粉笔标记向左或向右的移动量超过了一个胎面花纹的宽度,说明转向臂或转向机没有正确定位。做完一侧轮胎后再用同样的方法测试另一侧轮胎。另外一种定位试验是测量转向角。对转向角的检查可用来评估两个前轮在转向时是否保持合适的位置关系。为了测量转向角,将两个前轮放在相同的转动盘或量角器上,将左侧车轮转动一个角度,查看右侧车轮的转动量。然后再转动右侧车轮,查看左侧车轮的转动量。比较左右测量结果,确定两个前轮的转动角度是否相同。

在检查转向角时,左前轮应该向外转动20°,测量右前轮的转动。右前轮应该向内转动相同的度数或少2°,这个转角差引起转弯时内、外侧车轮转弯半径的不同。然后再对右侧车轮重复以上步骤,右侧车轮向外转动20°,用量角器或转动盘测量左侧车轮的转动量,左侧车轮向内转动的角度应当相同或少2°。

有的车辆向左和向右的转弯半径本来就是不同的(就是这样设计的),在检测时如有疑问,可参考原厂规范值。如果多次测量的转向角度不相同(相差超过2°),说明转向臂或转向机已经损坏。通过测量转向角,还可以帮助判断前束不正是由车轮定位不当引起的,还是由悬架零件损坏引起的。

通过检查外倾角可以确定悬架是否损坏。为了诊断悬架滑柱的状况,可以进行以下外倾角检查,检查时也可以使用外倾角测试仪或四轮定位仪。外倾角测量的一种方法称为弹跳测量,就是给悬架加压(与上面测量前束的弹跳试验相似),测量一个车轮的外倾角。然后松开悬架上的压力(与上面测量前束的弹跳试验相似),第二次读取同一个车轮的外倾角,比较这两个读数。对于麦弗逊式悬架,两者之差应不超过3°。如果超过3°,说明悬架滑柱在横向受到损伤。

悬架的纵向弯曲可以通过外倾角的摆动测量进行检查。方法:将前轮向右转到底,读取外倾角值;然后再将前轮向左转到底,再次读取外倾角值。如果两次读数之差超过6°,说明悬架滑柱可能前后弯曲。

为了检查悬架而进行外倾角测量时,车辆并非必须置于水平地面上,也不是要测量实际的外倾角值,而是要查看外倾角的两次读数之差。因此,每次读取外倾角值必须从车轮的同一点读取。

5. 四区损伤鉴定

四区又称乘员舱区。

乘员舱的损坏可能是由碰撞力直接引起的,如在侧碰时。而内饰和车内附件的损坏也可能是由乘员舱内的乘客和物品的碰撞能量引起的。

(1)首先应检查仪表板。如果碰撞导致前围板或车门立柱受损,那么仪表板、暖风机芯卷和管道、音响、电子控制模块和安全气囊等就有可能受损。所有在三区检查中没有被查看的元器件都要进行检查。

(2)检查转向盘是否损坏。查看其安装紧固件、倾斜和伸缩性能、喇叭、前照灯和转向信号灯开关、点火钥匙以及转向盘锁。转动转向盘,将车轮打到正直向前的位置,查看此时转向盘是否对中。对于吸能型转向盘,应查看它是否已经发生溃缩。

(3) 检查门把手、操纵杆、仪表板玻璃和内饰是否受损。打开、关闭并锁住杂物箱查看杂物箱是否在碰撞中变形或损坏。检查制动踏板是否变形、卡滞或松脱等。掀开地毯,查看地板和踢脚板,看铆钉是否松脱,焊缝是否裂开。

(4) 检查座椅是否受损。汽车在前端受到碰撞时,乘客的身体质量会产生较大的惯性力,由于乘客被安全带捆绑在座椅上,所以这个惯性力可能会对座椅框架调节器和支撑件产生损害。汽车在后端受到碰撞时,座椅靠背的铰链点可能受到损害。将座椅从最前位置移动到最后位置,查看其调节装置是否完好。

(5) 检查车门的状况。乘客的惯性力可能损坏肘靠、内饰板件和车门内板。如果发生侧碰,门锁和车窗调节器也可能受损。即使是前端碰撞,车窗玻璃产生的惯性力也可能使车窗轨道和调节器受损。将车窗玻璃降到底后再完全升起,检查玻璃是否卡滞或受到干扰。将车窗下降4 cm,查看车窗玻璃是否与车门框平齐。查看电动门锁、防盗系统、车窗和门锁控制装置以及后视镜的电控装置等所有附件是否正常。

(6) 检查乘员约束系统。现在的汽车大都装备了被动式约束系统,应当检查安全带是否能够正常扣紧和松开,安全带插舌和锁扣是否都完好。对于主动式安全带系统,检查其两点式和三点式安全带是否都能轻松地扣紧和解开。查看卷收器、D形环和固定板是否损坏。有些安全带有张力感知标签,如果安全带在碰撞中磨损,或者安全带的张力超过设计极限,张力感知标签撕裂,就必须予以更换。将安全带从卷收器中完全拉出,就可以看到这个张力感知标签。

还应当列出车内的非原装附件,如GPS导航、DVD、磁带播放机、立体声扬声器等。

6. 五区损伤鉴定

在车身、机械件、内饰和附件都检查完毕之后,再围绕车辆检查一圈,查看并列出受损的外饰件、嵌条、乙烯车顶板、轮罩、示宽灯以及其他车身附件。

打开灯光开关,检查前照灯、尾灯、转向信号指示灯和危险指示灯。车灯的灯丝通常在碰撞力的作用下断裂,如果碰撞时车灯处于点亮状态,灯丝就更容易断裂。

如果在一区和二区检查中没有查看保险杠,那么现在就应该对保险杠进行检查。查看杠皮和防尘罩是否开裂,吸能装置是否受损或泄漏,橡胶隔振垫是否开裂。仔细检查油漆的状况。记录下哪块油漆必须重新喷涂,并要列出那些需要特别注意的事项,如清漆涂层、柔性塑料件和表面锈迹。板件的轻度损坏可能只需进行局部喷涂,而有些维修项目则需要喷涂整块板件甚至多块板件。无论是哪种情况,都需要考虑新油漆与原有油漆的配色和融合所需的工时。如果事故车的损坏非常严重,或者原有漆面已经严重老化,则可能需要进行整车喷漆。

检查漆面是否在事故前就已经损坏也很重要。这些事故前已有的凹痕、裂缝、擦伤和油漆问题应当不在保险公司的理赔范围内,其维修费用应当由客户自行承担。

7.3.2 水灾事故车的损伤鉴定方法

气候恶化,极端天气增多,夏季里城市内涝经常发生,导致水淹车事故不断增加,给车主和保险公司造成了严重的经济损失。

汽车因水灾而受到损失时,是处于行驶状态还是停置状态,这是区别是否是保险责任的重要前提。如果汽车处于停置状态受损,此时发动机不运转,不会导致发动机内部的损伤。如果拆卸后发动机内部的机件产生了机械性损伤,如连杆弯曲、活塞破碎、缸壁捣坏,可以界定为操作措施不当造成的损失扩大。

如果汽车是处于行驶状态,当水位低于发动机的进气口时,通常不会造成发动机损伤。但是,这一原则也并非一成不变的。由于水是没有任何黏性的液体,在其受到一定的搅动时,必然会产生波浪。另外,其他车辆的行驶也会造成水面高低变化,甚至会造成水花的飞溅,飞溅的水花也有可能被正在路上行驶的车辆吸入气缸,造成发动机机件的严重损坏。

1. 静态进水损坏

汽车在停放过程中被暴雨或洪水进入等均属于静态进水。汽车在静态条件下,如果车内进水,会造成内饰、电路、空气滤清器、排气管等部位的受损,当然也会有发动机气缸进水的情况。在这种情况下,即使发动机不起动,也可能会造成内饰进水、电路短路、电脑芯片损坏、空滤器、排气管、发动机泡水生锈等损失。汽车电路一旦浸水,极有可能导致线路短路,造成无法点火自启;如果强行起动,极有可能导致发动机部件严重损坏。单就机械部分而言,汽车被水泡过以后,进入发动机内部的水分在高温作用下,会使运动机件锈蚀加剧,当吸水过多时,可能变形甚至导致发动机的报废。

2. 动态进水损坏

汽车在行驶过程中,发动机气缸因吸入水而导致汽车熄火,或强行涉水,发动机熄火后被水淹没。汽车在动态条件下,由于发动机仍在运转,气缸因吸入了水而迫使发动机熄火。在这种情况下,除了静态条件可能造成的损失以外,还有可能导致发动机的直接损坏。

7.3.3 火灾事故车的损伤鉴定方法

汽车上有很多易燃部件,发生火灾后容易造成较大损失,如果救火不及时火势蔓延速度快,最终会造成全车损毁。汽车起火的原因多样,可能是外界火灾导致汽车起火,也有可能是汽车自燃,弄清起火原因,对于火灾事故车的损伤鉴定具有重要意义。

1. 汽车火灾的分类

1)自燃

自燃是指在没有外部火源的情况下,由于车辆电气设备、供油、机械系统等自身故障或所载货物起火燃烧。大多数情况下由于电气系统故障而引发。

2) 引燃

引燃是指汽车被自身以外火源引发的燃烧。建筑物的起火引燃、周边可燃物起火引燃、其他车辆起火引燃、被人为纵火(如将汽油或其他易燃液体直接泼在车厢、发动机或汽车轮胎上)烧毁等,都属于汽车被引燃的范畴。

3) 碰撞起火

当汽车发生追尾或迎面撞击时,由于基本不具备起火的条件,一般情况下不会起火。只有当撞击后导致易燃物(汽油)泄漏且与火源接触时,才会导致起火。如果一辆发动机前置的汽车发生了较为严重的正面碰撞,散热器的后缩有可能使油管破裂,由于此时发动机尚处于运转状态,一旦高压线因脱落或漏电引起跳火,发生火灾的可能性就很大。

4) 爆炸

车内违规搭载的爆炸物品(如炸药、雷管、鞭炮)极易引起爆炸和火灾。

2. 火灾事故车的损伤鉴定

1) 分析车辆起火原因

现场查勘,判断是碰撞事故引起还是车辆自燃引起的燃烧。车辆是动态下起火还是静态下起火。检查车辆燃烧痕迹,判断燃烧的起火点和火源。

(1) 碰撞车辆着火查勘

先要对路面原始状态进行查看、拍照,并做好各项记录。施救后用清洁水将路面油污、污物冲洗干净,待暴露印痕的原状再详细查勘。

首先是以车辆为中心向双方车辆驶来方向的路面寻查制动拖痕,通过测量制动起始点至停车位的距离及各种印痕的形态来判断汽车的运动状态和速度。

其次是通过查勘着火车辆在路面上散落的各种物品、伤亡人员、被撞飞的车辆部件等与车辆的距离,推算出着火车行驶速度。

最后通过车体燃烧痕迹寻找车辆上的起火点,分析起火原因。碰撞车辆着火的一般规律是将泄漏的汽油点燃,查勘的重点就是汽油箱的金属外壳有无碰撞损伤。车体被燃烧后的接触部位痕迹容易受到破坏,查勘时可以根据残留痕迹的凹陷程度来进行分析,以判断撞力方向、大小、角度、速度等。

(2) 车辆行驶状态自燃查勘

车辆行驶状态自燃主要是电气设备或线路、漏油造成的,火势向行驶的反方向蔓延。火源大部分都是在发动机舱和仪表板附近。车体无碰撞痕迹,但驾驶人由于慌乱可能出现紧急制动、行车道停车等现象。

(3) 静态下车辆火灾查勘

静态下车辆着火,主要注意检查现场有没有遗留维修、作案工具,有没有外来火种、外来可燃物和助燃物,有没有目击者,同时调查报案人说话是否自相矛盾,事故现场周围环境、天气。

(4) 现场调查访问重点

① 车辆碰撞或翻车的具体情节和造成着火的原因。
② 车辆起火和燃烧的具体情节和后果。
③ 车辆起火后驾驶人采取了哪种灭火抢救措施。
④ 当事驾驶人与被保险人的关系,车辆为何由当事驾驶人驾驶。
⑤ 是否进行过维修,最近一次是在哪家维修厂维修的。
⑥ 事故地周围有没有异常物,如车上配件、维修工具等。

2) 确认投保险种

"车辆损失险"与"车辆自燃损失险"所涵盖的责任范围大不相同。

碰撞引起的车辆着火燃烧属于"车辆损失险"的责任范围,而自燃引起的损失属于"车辆自燃损失险"的责任范围,人为失火引起的火灾则不属于保险责任。

对于不属于保险责任的事故,一定要取得公安消防部门关于车辆火灾原因分析报告或车辆火灾原因相关证明后,同查勘、调查取证形成的书面材料一起,上报分公司车险部审核后向被保险人下达拒赔通知,严禁通过主观就口头告知被保险人不属于保险责任或拒赔。

3) 定损处理

根据查勘和调查取证情况,判定事故责任,推定全损时根据市场调查的车辆价值,推算着火车辆现在的实际价值,按照投保情况和免赔率,预估事故损失进行立案处理。

着火车辆发生部分损失时应立即进行定损核价,定损核价实际操作中要注意:火烧车辆定损时定要分析火源、燃烧范围、热传导范围,对燃烧范围和热导范围的金属薄壳件、密封件、塑料件、电气设备和线路、油液类要进行重要检查,对因高温引起的变形、变质件一定要更换。

如今汽车越来越多,因汽车水灾和火灾引起的事故也越来越多,针对这种形势我们理应对汽车水灾、火灾事故进行必要、认真的研究,以便适应快速发展的局面。而掌握避免水灾、火灾的方法和补救措施,了解汽车水灾、火灾损伤后的鉴定规则,无论对车主还是对保险公司的定损人员,都具有十分积极的意义。

7.4 事故损失评定

7.4.1 确定车辆损失

确定车辆损失是一项技术性很强的工作,同时又是确保修复工作能够顺利进行的基础工作。为此,勘查估损人员应予以足够的重视。协商确定送修单位(修理厂),并协同被保险人和修理厂对车辆受损部位进行修复时间和所需费用的确定工作,对于涉及第三者责任的,必要时应请第三者或其保险人参与损失确定。

在确定车辆的损失之前,对于损失情况严重和复杂的,在可能的条件下应对受损车辆进行必要的拆解,以保证查定损工作能够全面反映损失情况,减少可能存在的隐蔽性损伤部位,尽量减少二次检验定损的工作。

车辆的损失是由其修复费用具体反映的,修复费用通常由两部分构成:修理工时费和零配件费。工时费由修复过程中需要消耗的时间和工时定额确定,工时费还包括修理过程中的项目费用,如烤漆费用。零配件费用是指必须更换的配件的购买费用。

1. 汽车损失费的构成

汽车损失费用是指事故汽车进行修复所发生的维修费用和车辆的贬值费用。

维修费用由工时费、材料费和外加工费三部分构成。

车辆贬值费用是指严重碰撞的汽车,虽然修理后仍能上路行驶,但其内部仍存在一些维修厂无法修复的内伤隐患,这些隐患对汽车的使用寿命,或汽车零部件的使用寿命会带来一定的不利影响,从而引起的车辆价值损失。

以下几种碰撞事故对车辆价值影响较大:全车大梁被撞变形(即使修复或更换);水箱及其支架碰撞损坏(即使修复或更换);车身 A、B、C 柱被撞击损伤(经修复);车身叶子板被切割更换等。这些情况将对汽车价格有 10%～25% 的贬值影响。

但并不是所有交通事故对车辆价值都会有如此大的影响,像一些小的剐蹭造成的玻璃、保险杠、车漆等损伤并经修复,不会对车辆价值构成影响,不应在索赔之列。所以,并不是任何交通事故都能索赔车辆的贬值费用。

目前,有关车辆贬值并没有相关法规可以参考,只能通过有关的正规评估机构进行评估,法院也只能以评估机构的评估结果作为判决的依据。接下来继续讨论维修费用。

1) 工时费

工时费的计算方式:工时费=工时费率×工时定额

工时定额是根据修理的项目确定的,在维修厂工时手册或专业估损手册中,通常将工时分为拆卸和更换项目工时、修理项目工时、大修工时、喷漆工时、辅助作业工时等。不同车型、不同总成的工时定额一般差别较大,甚至不同年款的车型也有较大的差别,因此工时手册中的工时数据经常更新。工时费率一般随着地域(如经济发达的大城市和中小城市)、修理厂(如一类修理厂、二类修理厂和三类修理厂、4S 店和综合型修理厂)、工种(如钣金、机修和漆工)的不同而不同,保险公司应当经常对各个地区的工时费率进行调研,以确定当前适用该地区的平均工时费用。

对于事故车的估损和修理,工时定额和工时费率一般有以下几个来源可供估损员参考。对于部分进口乘用车,可以查阅该车型的《碰撞估损指南》,如 Mitchell 公司和 Motor 公司编写的《碰撞估损指南》,其不仅提供了各总成的拆装和更换工时,部分总成还提供了大修工时,并且考虑到了各部件之间的重叠工时,是比较好用的估损工具。对于国产车型和部分进口车型,可以按照本书讲述的估损办法,并结合使用各车型主机厂的《工时手册》和《零件手册》,估算修理费用。主机厂的《工时手册》和《零件手册》中一般包含有各总成和零件的更换和拆装工时,例如关于更换裙板,不仅要考虑更换裙板本身的工时,如钻除焊点、拆除旧板、安装和对齐新板所需的时间,还考虑到拆卸和安装车内地毯、隔音隔振材料和前围装饰件的工时,这些操作都是必需的,因为在前围板上焊接新板件时会产生热量,如果不拆除这些部件,可能造成损坏。

估损员可以根据提示的修理项目,在主机厂的《工时手册》和《零件手册》中查找到各个项目的工时,并进行累加。但需要特别注意的是重叠工时的问题。如在上面的例子中,更换裙板时需要拆卸和安装车内地毯,如果该车同时还需要修理地板,也需要拆卸和安装车内地毯,那么拆卸和安装车内地毯的工时只能计算一次,不能重复计算。这样做的优点是工时费估算比较准确,能够合理地降低保险公司的理赔费用。而且每一步骤都有据可查,能有效避免车主与修理厂和保险公司或公估公司之间因价格差异较大而产生矛盾。

很多情况下,可能找不到事故车的主机厂的《工时手册》和《零件手册》,或者手册中没有列出相应的工时,此时可以参考各地汽车维修主管部门制定的《机动车维修工时定额与收费标准》,从中查找相应的工时数量或工时费标准。

在汽车修理作业中除包括更换件工时、拆装件工时、修理工时外,还应包括辅助作业工时。

2) 维修材料费

汽车维修材料费是为了补偿汽车维修所耗材料配件而收取的费用,由外购配件费用和损耗等费用组成。

按厂价、批发价进货:材料费=进价×(1+加价率)

按零售价进货:材料费=进价×(1+3%)

汽车维修辅助材料是指在维修过程中被共同消耗的一些其他材料,或者难以在各维修作业之间划分的材料。计算时一般是按照材料消耗定额进行计算。

各工种在维修作业时领用的低值易耗品或通用紧固件和工具等应包含在维修工时内,不另收费,比如砂布、锯条、钻头、开口销、通用螺钉等。

汽车零件通常有原厂件(或 OEM 件)、副厂件(或售后市场件)和拆车件(或二手件、翻新件、回收件)这几种。

我国目前的零件市场价格十分复杂。一方面是正厂件和副厂件价格差异很大,另一方面是不同的地区、不同渠道的零件价格差别也很大。有时同样的零件在不同的汽配市场可能有多种价格,这是我国保险估损行业面临的巨大问题之一。当前,广大保险估损人员在对车辆估损时主要参考主机厂《零件手册》中的配件价格。

一些保险公司为了统一零件报价做了大量工作,甚至开发了自己的采价和报价系统,如中国平安保险公司。也有一些保险公司使用第三方零件价格信息,如杭州的机动车辆保险理赔参考资料调研中心、北京中车行公司、北京中车检公司、北京精友公司、美国 Mitchell 公司、德国 DEKRA 公司的数据等。但是,零件的价格和估损系统是一个非常复杂的系统工程,需要根据汽车、配件和维修市场的变化不断更新。与国外相比,我国现有的事故车保险估损系统还处于初级阶段,需要更多保险公司、汽车企业、零部件经销商和专业汽车信息公司的共同努力才能进一步提高。

3) 外加工费

外加工费包括材料管理费。材料管理费由材料的采购、装卸、运输、保管、耗损等用组成。

(1) 在维修过程中,由于受设备、技术等条件所限,有一些作业项目需要到厂外进行加工,从而发生厂外加工费(不含税),此项费用由维修厂事先垫付,然后向用户收取。

(2) 凡是包含在托修方报的维修类别范围之内的厂外加工项目,按照相应的标准定额工时计算收取厂外加工费的,不应再按厂外加工费进行重复收费。

(3) 材料管理费归类于外加工费之中,其计算标准一般按一定的管理费率进行计算,具体标准各地交通主管部门、物价管理部门都有明确规定。

2. 车辆损失的赔偿计算

1) 车辆全部损失的赔款计算

机动车辆全部损失是指保险标的因碰撞、倾覆或火灾事故造成车辆无法修复即整车损毁;或保险标的受损严重,车辆修复费用极高,基本上接近于保险车辆的保险金额,已失去修复价值,或按国家有关汽车报废条件,达到报废程度,由保险公司的勘查定损人员推定全损。

车辆全损赔款计算公式:

保险赔款＝车辆核定损失×按责任分担损失的比例×(1－免赔率)

(1) 保险车辆发生全部损失后,如果保险金额等于或低于出险时的实际价值时,按保险金额计算赔款。

保险赔款＝(保险金额－残值)×事故责任比例×(1－免赔率)

(2) 保险车辆发生全部损失后,如果保险金额高于出险时车辆的实际价值时,以出险当时的实际价值计算赔款。

保险赔款＝(实际价值－残值)×事故责任比例×(1－免赔率)

例1 甲、乙两车都在同一保险公司投保了机动车辆损失险,两车均按保险价值投保,保险金额都是 40 000 元。两车在不同事故中出险,且均被承保的保险公司推定全损。甲车投保时为新购车辆,即实际价值与保险金额相等,残值作价 2 000 元;乙车投保时该车已使用了两年,出险当时实际价值确定为 32 000 元,残值作价 1 000 元。试核定甲、乙两车的损失。

解: 甲车损失＝保险金额－残值＝40 000－2 000＝38 000(元)

乙车损失＝实际价值－残值＝32 000－1 000＝31 000(元)

例2 甲、乙两车发生严重碰撞事故,甲车被推定全损,该车在某保险公司投保,车辆损失险保险金额为 8 000 元,出险时车辆实际价值被确定为 65 000 元,残值作价 3 000 元。根据交通事故处理机关认定甲车负主要责任,承担 70% 的事故损失。试计算某保险公司应支付甲车车辆损失险的赔款。

解: 根据题意,实际价值 65 000 元,残值 3 000 元,事故责任比例 70%,负主要责任的免赔率为 15%,所以,

甲车车损保险赔款＝(实际价值－残值)×事故责任比例×(1－免赔率)

$\qquad$＝(65 000－3 000)×70%×85%

$\qquad$＝62 000×70%×85%

$\qquad$＝36 890(元)

2) 车辆部分损失的赔款计算

车辆部分损失是指保险车辆出险受损后,尚未达到"整体损毁"或"推定全损"的程度,仅发生局部损失,通过修复,车辆还可以继续使用。

机动车辆部分损失的赔款计算,也应区分两种不同情况。

(1) 投保车辆以新车购置价确定保险金额的车辆,发生部分损失后,按实际修理费用计算赔偿。但每次以不超过保额或出险当时的实际价值为限,如果有残值应在赔款中扣除。

保险赔款＝(实际修复费用－残值)×事故责任比例×(1－免赔率)

(2) 保险金额低于新车购置价的车辆,按照保险金额与新车购置价的比例计算赔偿修理费用。但每次以不超过保额为限,如果有残值应在赔款中扣除。

保险赔款＝(修复费用－残值)×事故责任比例×(保险金额/新车购置价)×(1－免赔费)

7.4.2 确定人员伤亡费用

保险事故除了导致车辆本身的损失外,可能还会造成人身伤亡。这些人身伤亡可能构成第三者责任险和车上责任险项下的赔偿对象。检验人员应根据保险合同规定和有关法律、法规确定人身伤亡的费用,具体做法和要求如下:

(1) 在保险事故中出现人身伤亡时,应当立即将受伤人员送医院急救,以抢救生命和控制伤情。目前,我国的大多数保险公司在承保了第三者责任险或者车上责任险的情况下均向被保险人提供"医疗急救费用担保卡",有的还与有关医院签订协议,建立保险事故受伤人员急救"绿色通道",以确保保险事故受伤人员能够得到及时治疗。

(2) 人身伤亡可以赔偿的合理费用主要包括受伤人员的医疗以及相关费用、残疾赔偿费用、死亡人员的赔偿以及相关的处理费用、抚养费用和其他费用。

① 受伤人员的医疗费用是指受伤人员在治疗期间发生的由本次事故造成损伤的医疗费用(限公费医疗的药品范围),与医疗相关的费用是指在医疗期间发生的误工费、护理费、就医交通费、住院伙食补助费等。

② 残疾赔偿费用是指残疾者生活补助费和残疾用具费。

③ 死亡人员的赔偿是指死亡补偿费,与死亡相关的处理费用是指丧葬费。

④ 抚养费用是指死亡人员的被抚养人的生活费。

⑤ 其他费用是指伤亡者直系亲属及合法代理人参加交通事故调解处理的误工费、交通费和住宿费。

(3) 被保险人向保险人提出索赔前应对所有费用先行支付,而后将取得的单据以及相关资料提交给检验人员作为索赔依据。定损人员应及时审核被保险人提供的事故责任认定书、事故调解书和伤残证明以及各种有关费用单据。费用清单应分别列明受害人姓名及费用项目、金额以及发生的日期。

(4) 收到被保险人提供的上述单据后,定损人员应认真进行审核,根据保险条款和《道路交通事故处理办法》,对不属于保险责任范围内的损失和不合理的费用,如精神损失补偿费,困难补助费,处理事故人员差旅费、生活补助、招待费、请客送礼费等应予剔除,并在人员伤亡费用清单上的"保险人的意见"栏内注明剔除项目及金额。

7.4.3 确定其他财产损失

车辆事故除了导致车辆本身的损失外,还可能造成第三者的财产损失和车上承运货物的损失。这些财产损失可能构成第三者车上责任险和货物运输保险项目下的赔偿对象。

第三者财产损失赔偿责任是基于被保险人侵权行为产生的,应根据《民法》的有关规定按照被损害财产的实际损失予以赔偿。确定的方式可以采用与被害人协商的方式,但是如果协商不成亦可以采用仲裁或者诉讼的方式。

对于车上承运货物的损失,应会同被保险人和有关人员对受损的货物进行逐项清理,以确定损失数量、损失程度和损失金额。在损失金额的确定方面应坚持从保险利益原则出发,注意掌握在出险当时标的具有或者已经实现的价值,确保体现补偿原则。

7.4.4 确定施救费用

施救费用是在发生保险事故之后,被保险人为了减少损失而支出的额外费用。所以施救费用是一种替代费用,其目的是用一个相对较小的费用支出,减少一个更大的损失。定损人员在确定施救费用时应遵循以下原则。

(1) 施救费用应是保险标的已经受到损失时,为了减少损失或者防止损失的继续扩大而产生的费用。在机动车辆保险中主要是倾覆车辆的起吊费用、抢救车上货物的费用、事故现场的看守费用、临时整理和清理费用以及必要的转运费用。

(2) 被保险车辆出险后,雇用吊车和其他车辆进行抢救的费用以及将出险车辆拖运到修理厂的运输费用,按当地物价部门颁布的收费标准予以负责。被保险人使用他人(非专业消防单位)的消防设备,施救被保险车辆所消耗的费用及设备损失可以列为施救费用。

(3) 在进行施救的过程中,意外事故可能造成被施救对象损失的进一步扩大、造成他人财产的损失以及施救车辆和设施本身的损失。如果施救工作是由被保险人自己或他人义务进行的,只要没有存在故意和重大过失,原则上保险人应予赔偿。如果施救工作是雇佣专业公司进行的,只要没有存在故意和重大过失,原则上应由专业公司自己承担。同时,被保险人还可以就进一步扩大损失的部分要求专业施救公司承担赔偿责任。但在施救时,抢救人员物品的丢失,一般不予赔偿。

(4) 被保险车辆发生保险事故后,需要施救的受损财产可能不仅仅局限于保险标的,在这种情况下,施救费用应按照获救价值进行分摊。如果施救对象为受损保险车辆及其所载货物,且施救费用无法区分,则应按保险车辆与货物的痕迹价值进行比例分摊,机动车辆保险人仅负责保险车辆应分摊的部分。

(5) 车辆损失险的施救费用是一个单独的保险金额,但是如果施救费用和保护费用、修理费用相加,估计已达到或超过保险车辆的实际价值时,则应作为推定全损案件处理,同时,一般情况下保险公司不接受权益转让。而第三者责任的施救费用与第三者损失金额相加不得超过第三者责任险的保险赔偿限额。

保险车辆施救费用的计算公式:

保险车辆施救费＝总施救费×保险金额/(保险金额＋其他被施救财产价值)

习　题

1. 汽车事故现场勘查的概念和目的分别是什么?
2. 按汽车事故现场是否重新设置可分为哪几种事故现场?各有什么特点?
3. 事故现场勘查的工作内容有哪些?
4. 什么是汽车损伤鉴定的区域检查法?通常分为几个区域?各区域有何特征?
5. 汽车火灾事故车鉴定方法有哪些?
6. 汽车损失费包括哪些项目?各费用的计算方法是什么?
7. 保险公司计算车辆损失赔偿费的方法是什么?
8. 简述汽车事故定损的工作流程。

第 8 章　二手车服务

8.1　二手车服务概述

8.1.1　二手车定义

商务部、公安部、国家工商行政管理总局、国家税务总局令 2005 年第 2 号《二手车流通管理办法》中第一次提出了二手车的概念,并给出了二手车的定义。即二手车是指从办理完注册登记手续到达到国家强制报废标准之前进行交易并转移所有权的机动车,并明确了"二手车"的内涵与"旧机动车"相同。

8.1.2　二手车服务的主要内容

二手车服务主要包括二手车的鉴定评估、拍卖、经销、经纪四项服务。

二手车鉴定评估是指二手车鉴定评估机构对二手车技术状况及其价值进行鉴定评估的经营活动。

二手车拍卖是指二手车拍卖企业以公开竞价的形式将二手车转让给最高应价者的经营活动。

二手车经销是指二手车经销企业收购、销售二手车的经营活动。

二手车经纪是指二手车经纪机构以收取佣金为目的,为促成他人交易二手车而从事居间、行纪或者代理等的经营活动。

8.1.3　二手车市场发展现状

二手车交易市场是指依法设立,为买卖双方提供二手车集中交易和相关服务的场所,是开展二手车业务的主要场所。

1. 国外二手车市场

相对于国内二手车市场,国外二手车市场更加成熟,从美国、德国、瑞士和日本等国家的二手车市场的情况看,汽车产业越发达的国家和地区,二手车市场就更活跃,并具有以下共同特点。

(1) 二手车销量和利润大于新车

目前美国、德国、瑞士和日本等二手车的销售分别是新车销售的 3.5 倍、2 倍、2 倍和

1.4倍,其中美国二手车毛利率是新车的2倍,瑞士二手车的利润大约在15%～20%,而新车的利润只有8.9%左右。大交易量和高利润的原因是经营二手车的主体多元化、交易方式多样化和交易手续简便化。从发达国家和发展中国家的情况看,随着各国经济的发展,二手车作为一般商品进入市场,有别于新车销售,二手车销售渠道多样,如品牌专卖、大型超市、连锁经营、二手车专营和二手车拍卖等并存的多元化经营体制,为消费者营造了购买二手车的便利消费环境。

(2) 规范的售后服务

在国外,二手车实行规范化的售后服务标准。通过制定相关法规、行业协会管理以及汽车生产商三个层面来确定经营者的资质资格,规范其交易行为。从发达国家来看,他们通过技术质量认证,来保证售出二手车的质量,同时使购买二手车的消费者,在一定时期内,享受与新车销售相同的售后待遇。

(3) 有较科学、较完善和较权威的二手车评估体系

二手车的评估工作由第三方评估机构和评估公司依照完善的评估系统完成。例如,在瑞士有一个较科学二手车评估系统即优诺泰斯评估系统,这个系统由瑞士二手车协会制定,任何二手车的估价必须由这一套较科学的评估系统来确定。二手车销售价格的制定,首先要经过技术检测部门的技术人员的测定,列出测试清单,然后做出对此车的估价,销售商根据二手车的估价和原销售价格,最终确定二手车的实际售价。

(4) 合理的征税方法

从北美、欧洲情况看,绝大部分国家和地区在二手车交易中是按照购进与销售之间的差价征税,英国按照差价毛率征收,中国台湾地区也是按照差价征收5%的增值税。

(5) 信息网络化

越是经济发达的国家,信息化程度越高,如美国、英国、德国和日本等,品牌专卖店基本是新车与二手车同店销售,在互联网上进行二手车拍卖,利用先进的信息网络传播二手车信息,使销售者可以面向更加庞大的消费群体,也使消费者有了更多选择,极大地促进了二手车的交易。

2. 国内二手车市场

(1) 二手车市场的特点

经过多年发展的国内二手车市场逐渐形成了以下几个特点。

① 政府实施了多项政策以促进二手车交易,二手车交易量显著增长。

② 二手车的流向是从经济发达地区向欠发达地区流动,从高收入者向低收入者流动。

③ 二手车资源丰富、价格低廉。新车型不断涌现,旧车型也不断更新换代,导致消费者换车频率不断加快,二手车资源不断丰富。加上中国加入世贸组织后进口汽车关税下降,进口汽车数量增长,丰富了二手车市场的资源,带动了车价下降。

④ 二手车拍卖、新车置换为二手车市场注入了新的活力,进而加快了与国际接轨的步伐。

随着人们生活水平的不断提升,二手车的需求正在不断膨胀。政府顺应市场发展积极制定相关政策,清除影响二手车交易的各种障碍。二手车从业者从实际出发,探索各种业务模式,努力寻找适合我国的二手车经营模式。我国汽车保有量巨大,意味着我国未来二手车业务量巨大,还有较大的发展空间。

(2) 二手车市场目前存在的问题

尽管我国二手车市场有着巨大的潜力和广阔的发展前景,但目前我国二手车市场仍然存在着较突出的问题:

① 二手车交易市场功能单一。
② 受新车频繁降价的影响,二手车经营风险增加。
③ 行业诚信缺乏有效监督。
④ 交易行为不规范,缺乏相关的行业标准。
⑤ 评估缺乏标准与规范,评估行为随意性大。
⑥ 缺乏真正意义上的二手车经销商。
⑦ 尚无完善的全国二手车交易市场信息网络系统。
⑧ 二手车的更新补贴未能完全发挥作用。
⑨ 过多的政府部门插手二手车的管理。
⑩ 销售渠道单一,手续繁琐。
⑪ 交易税收存在不合理因素。

二手车在二次交易和多次交易中,存在着多次征收增值税的情况。对于二手车经销企业,我国目前执行的是按照二手车交易的全额征收 2% 的增值税的政策,不管其销售的车辆在购销抵扣中是否有盈利,只要销售就要向国家交纳全额 2% 的增值税。在近年来汽车价格持续走低的情况下,二手车经销企业在经营过程中面临着税收征收基数不合理和经营上的风险,导致二手车经销企业普遍采取与市场联营的方式进行交易,以规避增值税的风险。

从国外的情况看,德国、英国、日本等国家的二手车流通渠道与我国不同,其主要流通渠道一是通过大的拍卖公司实现异地联网销售,二是二手车经销企业销售的方式。另外,国外普遍按照二手车收购与销售的差额、按照一定的比例征收增值税。一个是按照交易的全额征收,一个是按照交易的购销差价征收,二者的基数不同,其征收的额度自然也不同。

3. 二手车市场的发展趋势

(1) 交易数量接近甚至超过新车

按照国际惯例,在汽车进入家庭 6 至 7 年之后,会给二手车市场带来一个快速增长的行情,而我国汽车进入家庭是从 2001 年左右开始的。因此,中国二手车市场在 2008 年迎来第一轮行情,到达 274 万辆。2016 年全年交易量首次突破千万量级别,为 1 039.07 万辆,二手车与新车交易量达到了 1∶2。车辆的高保有量和消费观念的改变将为二手车市场的发展创造巨大的提升空间。

（2）二手车价格接轨国际市场

随着国际品牌的涌入，新车价格不断调低，大部分品牌将实现与国际市场的同步。新车市场已进入价格平稳期，新车价格竞争更充分，二手车价格在新车降价和市场供求关系的影响下，也将实现与国际接轨。

（3）二手车成为新的利润增长点

从经营利润上看，二手车将来一定会成为厂家和经销商的一个重要利润来源。数据显示，1992年美国汽车经销商的利润构成和2016年相比，来自新车销售的利润占总利润的比例基本相同，但是二手车销售利润所占比例从24.5%上升到28.6%。新车的单车利润已经非常低，有的甚至不到100美元，但是二手车的平均单车利润能超过1 000美元。因此，完全有可能在不久的将来成为汽车市场新的利润增长点。

（4）深度互联网化成趋势

近年来，"互联网+"为传统汽车行业注入新能量，也让中国二手车行业的发展进一步互联网化。由资本催生的二手车相关业务正在蓬勃发展，也在借助互联网的力量加速生长，如移动互联、金融服务、资源整合等，二手车领域的各大方面均有不同程度的发展。在移动互联方面，互联网的浪潮使得二手车经营服务领域得到了更加广泛的应用，电子商务的高速发展促成越来越多的电商交易。二手车领域各家企业的资源整合将迅速推进，未来几年，二手车的深度互联网化将进一步完善，"二手车+互联网"必然是大势所趋。

（5）二手车消费重心将由一、二线城市向三、四线城市延伸

国内东、中、西部经济发展和消费水平参差不齐，国内汽车消费呈现出梯度交叉传导的特征。国内的一线城市出现限购，因此成为二手车车源的输出地，而国内的三、四线城市则是二手车的目标市场，从而形成二手车市场的大流通格局。二手车车源仍将成为市场竞争的焦点，价格水平将继续下移，为国内二手车市场的经营造成非常大的压力。一方面是因为国内新车市场的整体价格在下降，另一方面，由于政策等原因，二手车流转的成本却在增加。因此，二手车行业的核心竞争力在于效率的提升，而效率的改变又将影响二手车的价格水平。在未来的二手车市场中，价格形成机制或将发生变化，这将引发二手车市场呈现出新的运营特征，为整个市场格局的塑造带来更多新的可能。

8.2 二手车鉴定评估

8.2.1 二手车鉴定评估基础

1. 二手车鉴定评估的定义

二手车鉴定评估，是指依法设立，具有执业资质的二手车鉴定评估机构和二手车鉴定评估人员，接受国家机关和各类市场主体的委托，按照特定的目的，遵循法定或公允的标准和程序，运用科学的方法，对经济和社会活动中涉及的二手车所进行的技术鉴定，并根据鉴定的结果对二手车在鉴定评估基准日的价值进行评定估算的过程。

2. 二手车鉴定评估的方法

评估方法是指二手车价值评估所运用的特定技术,它是评估二手车价值的手段和途径。评估方法主要有重置成本法、现行市价法、收益现值法和清算价格法。

重置成本法是二手车价值评估中一种常用的方法,它适用于继续使用前提下的二手车价值评估。对在用车辆,可直接运用重置成本法进行评估,无需作较大的调整。重置成本法在二手车价值评估中应用广泛。

二手车的评估多数情况下采用重置成本法,但在某些情况下,也可运用收益现值法,运用收益现值法进行二手车价值评估的前提是被评估车辆具有独立的、能连续用货币计量的可预期收益。对于这种车辆,人们购买的往往不是车辆本身,而是车辆的获利能力。因此,该方法较适于从事营运的车辆。

现行市价法的运用必须以市场为前提,主要是借助于参照车辆的市场成交价或变现价(该参照车辆与被评估车辆相同或相似)。因此,一个发达活跃的车辆交易市场是现行市价法得以广泛运用的前提。

此外,现行市价法的运用还必须以可比性为前提。运用该方法评估车辆市场价值的合理性与公允性,在很大程度上取决于所选取的参照车辆的可比性如何。可比性包括两方面内容。

(1) 被评估车辆与参照车辆之间在规格、型号、用途、性能、新旧程度等方面应具有可比性。

(2) 参照车辆的交易情况(诸如交易目的、交易条件、交易数量、交易时间、交易结算方式等)与被评估车辆将要发生的情况具有可比性。

以上所述的市场前提和可比前提,既是运用现行市价法进行二手车价值评估的前提条件,同时也是对运用现行市价法进行二手车价值评估的范围界定。对于车辆的买卖、以车辆作为投资参股、合作经营,均适用现行市价法。

清算价格法适用于企业破产、抵押、停业清理时要售出的车辆。这类车辆必须同时满足以下三个条件,方可利用清算价格法进行出售。

(1) 具有法律效力的破产处理文件、抵押合同及其他有效文件为依据。

(2) 车辆在市场上可以快速出售变现。

(3) 清算价格足以补偿因出售车辆所付出的附加支出总额。

8.2.2 二手车手续检查

二手车手续检查是指进行二手车价值评估前的一系列工作,主要包括接受委托、核查证件、核查税费、车辆拍照等工作。

1. 接受委托

(1) 业务洽谈

业务洽谈是二手车鉴定评估的第一项工作,是一项重要的日常工作。业务洽谈工作的好坏直接影响二手车鉴定评估机构的形象和信誉,也是企业生存的基础。因此,鉴定评估人员应该重视并做好业务洽谈工作,与客户进行业务洽谈的主要内容有车主基本情况、车辆情况、委托评估的意向、时间要求等。通过业务洽谈,应该初步了解下述情况。

① 车主单位(或个人)的基本情况。

② 评估目的。

③ 评估对象及其基本情况。

在洽谈中,上述基本情况摸清楚以后,就应该做出是否接受委托的决定。如果不能接受委托,应该说明原因,客户对交易中有不清楚的地方,应该接受咨询,耐心地解答和指导;如果接受委托,就要签订二手车鉴定评估委托书。

(2) 签订二手车鉴定评估委托书(合同)

二手车鉴定评估委托合同又称为二手车鉴定评估委托书,是指二手车鉴定评估机构与法人、其他组织或自然人相互之间为实现二手车鉴定评估的目的,明确相互权利义务关系所订立的协议。

二手车鉴定评估委托合同是受托方与委托方对各自权利责任和义务的协定,是一项经济合同性质的契约。二手车鉴定评估委托合同应写明的内容:

① 委托方和二手车鉴定评估机构的名称、住所、工商登记注册号、上级单位、二手车鉴定评估人员资格类型及证件编号。

② 鉴定评估的目的、车辆类型和数量。

③ 委托方须做好的基础工作和配合工作。

④ 鉴定评估工作的起止时间。

⑤ 鉴定评估的收费金额及付款方式。

⑥ 反映协议双方各自的责任、权利、义务以及违约责任的其他内容。

二手车鉴定评估委托合同必须符合国家法律、法规和资产评估业的管理规定。涉及国有资产占有单位要求申请立项的二手车鉴定评估业务,应由委托方提供国有资产管理部门关于评估立项申请的批复文件,经核实后,方能接受委托,签署委托合同。

2. 核查证件

根据《二手车流通管理办法》规定,二手车交易必须提供机动车来历凭证、机动车行驶证、机动车登记证书、机动车号牌、道路运输证、机动车安全技术检验合格标志、准运证、环保检验合格标志等法定证件,因此,要对这些证件的合法性进行核查。

3. 核查税费

机动车主要税费凭证包括车辆购置税完税证明、车船使用税缴付凭证、车辆保险单等,在进行二手车鉴定评估之前,必须对这些税费的合法性进行查验。

4. 车辆拍照

(1) 拍摄外观图片。分别从车辆左前部和右后部45°角拍摄外观图片各一张。拍摄外观破损部位带标尺的正面图片一张。

（2）拍摄驾驶舱图片。分别拍摄仪表台操纵杆、前排座椅、后排座椅左侧45°角图片各一张，拍摄破损部位带标尺的正面图片一张。

（3）拍摄发动机舱图片一张。

8.2.3 二手车技术状况鉴定

二手车技术状况的鉴定是二手车鉴定评估的基础与关键。其鉴定方法主要有静态检查、动态检查和仪器检查三种。其中静态检查和动态检查是依据评估人员的技能和经验对被评估车辆进行直观、定性判断，即初步判断评估车辆的运行情况是否基本正常、车辆各部分有无故障及故障的可能原因、车辆各总成及部件的新旧程度等，是评价过程不可缺少的。而仪器检查是对评估车辆的各项技术性能及各总成部件技术状况进行定量、客观的评价，是进行二手车技术等级划分的依据，在实际工作中往往视评估目的和实际情况而定。

1. 静态检查

二手车静态检查是指在静态情况下，根据评估人员的经验和技能，辅之以简单的量具，对二手车的技术状况进行静态直观的检查。

静态检查的目的是快速、全面地了解二手车的大概技术状况。通过全面检查，发现一些较大的缺陷，如严重碰撞、车身或车架锈蚀或有结构性损坏、发动机或传动系严重磨损、车厢内部设施不良、损坏维修费用较大等，为其价值评估提供依据。

二手车的静态检查主要包括识伪检查和外观检查两大部分。其中识伪检查主要包括鉴别走私车辆、拼装车辆和盗抢车辆等工作；外观检查包括鉴别事故车辆、检查发动机舱、检查车舱、检查行李舱和检查车底等内容，具体如图8-1所示。

```
                     ┌ 鉴别走私车辆
            识伪检查 ┤ 鉴别拼装车辆
                     └ 鉴别盗抢车辆
静态检查 ┤
                     ┌ 鉴别事故车辆：包括碰撞、水淹、火灾等事故
                     │ 检查发动机舱：包括集体外观、冷却系统、润滑系统、点火系统、供油系统、
                     │               进气系统等
            外观检查 ┤ 检查车舱：包括驾驶操作机构、开关、仪表、报警灯、内饰件、座椅、电气部件等
                     │ 检查行李箱：包括行李箱锁、气压减振器、防水密封条、备用轮胎、随车工具、门控开
                     │             关等
                     │ 检查车身底部：包括冷却系统、排气系统、转向机构、悬架、传动轴等
                     └ 检查车身表面：包括车顶、发动机舱盖、行李箱盖、前后保险杠、车门、前后翼子板等
```

图8-1 二手车的静态检查内容

2. 动态检查

在对汽车进行静态检查之后,再进行动态检查,其目的是进一步检查发动机、底盘、电器电子设备的工作状况及汽车的使用性能。

在进行路试之前,应检查机油油位、冷却液液位、制动液液位、转向油液位、踏板自由行程、转向盘自由行程、轮胎胎压、各警示灯项目,各个项目正常后方可起动发动机,进行路试检查。动态检查的主要内容如图8-2所示。

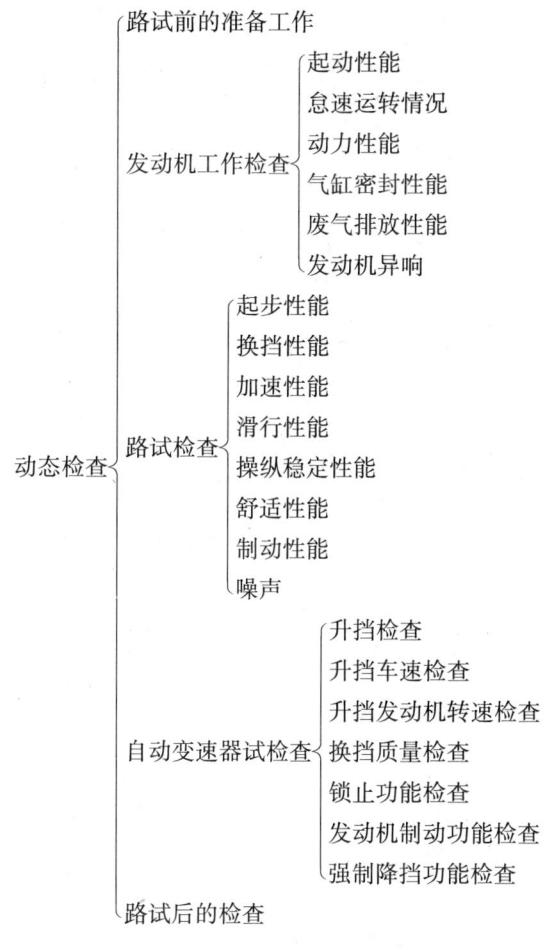

图8-2 二手车的动态检查内容

3. 仪器检查

利用静态检查和动态检查,可以对汽车的技术状况进行定性的判断,即初步判定车辆的运行情况是否基本正常、车辆各部分有无故障及故障的可能原因、车辆各总成及部件的新旧程度等。当对车辆各项技术性能及各总成、部件的技术状况进行定量、客观的评价时,通常需借助一些专用仪器、设备进行。

对二手车进行综合检测,需要检测车辆的动力性、燃料经济性、转向操作性、排放污染、噪声等整车性能指标,以及发动机、底盘、电器电子等各部件的技术状况。

检测汽车性能指标需要的设备有很多,其中主要有底盘测功机、制动检验台、油耗仪、侧滑试验台、前照灯检测仪、车速表试验台、发动机综合测试仪、示波器、四轮定位仪、车胎平衡仪等设备,这些设备一般在汽车的综合性能检测中心(站)或汽车修理厂采用,操作难度较大,二手车鉴定评估人员不需要掌握这些设备的使用。但对于一些常规的、小型检测设备应能掌握,以迅速快捷地判断汽车的常见故障,这些设备仪器主要有:气缸压力表、真空表、万用表、正时枪、燃油压力表、废气分析仪、烟度计、声级计、微电脑故障诊断仪(俗称解码仪)等。

8.2.4 二手车价值评估

1. 重置成本法评估二手车价值

(1) 重置成本法的定义

重置成本法是指在评估基准日的当前条件下重新购置一辆全新状态的被评估车辆所需的全部成本(完全重置成本,简称重置全价),减去该被评估车辆的各种陈旧性贬值后的差额作为被评估车辆评估价格的一种评估方法。也可以先通过被评估二手车与其全新状态相比,测算出其成新率,进行评估。

(2) 重置成本法的计算公式

重置成本法的计算模型如下:

模型一:$P = B - (D_S + D_G + D_J)$

模型二:$P = B \times C$

模型三:$P = B \times C \times K$

模型四:$P = B \times C \times K \times \varphi$

式中:P 为被评估车辆的评估值;B 为重置成本;D_S 为实体性贬值;D_G 为功能性贬值;D_J 为经济性贬值;C 为成新率;K 为综合调整系数;φ 为变现系数。

采用模型一,除了要准确了解二手车的重置成本和实体性贬值外,还必须计算其功能性贬值和经济性贬值,而这两个贬值因素要求评估人员对未来影响二手车的营运成本、收益乃至经济寿命有较为准确的把握,否则难以评估二手车的市场价值。

从理论上讲,模型一优于模型二和模型三,这是因为模型一中不仅扣除了车辆的有形损耗,而且扣除了车辆的功能性损耗和经济性损耗,但其实际的可操作性较差,使用困难。

模型二适用于整车观测法和部件鉴定法来估算成新率。

模型三适用于年限法中的加速折旧法来估算成新率。

模型四适用于年限法中的等速折旧法和行驶里程法来估算成新率。

模型二、模型三和模型四中成新率的确定是综合了二手车的各项贬值的结果,具有收集便捷,操作较简单易行,评估理论更贴近机动车的实际工作状况,容易被委托人接受等优点,故模型二、模型三和模型四被广泛采用。

通过对重置成本法计算公式的分析不难发现,要合理运用重置成本法评估二手车的交易价格,必须正确确定车辆的重置成本、实体性贬值、功能性贬值、经济性贬值和成新率。

(3) 重置成本

重置成本是购买一项全新的与被评估车辆相同的车辆所支付的最低金额。按重新购置车辆所用的材料、技术的不同,可把重置成本区分为复原重置成本(简称复原成本)和更新重置成本(简称更新成本)。复原成本是指用与被评估车辆相同的材料、制造标准、设计结构和技术条件等,以现时价格复原购置相同的全新车辆所需的全部成本。更新成本指利用新型材料、新技术标准、新设计等,以现时价格购置相同或相似功能的全新车辆所支付的全部成本。一般情况下,在进行重置成本计算时,如果同时可以取得复原成本和更新成本,应选用更新成本;如果不存在更新成本,则再考虑用复原成本。

国产旧机动车的重置成本由购置全新车辆的直接成本和间接成本组成。

直接成本为现行市价的购买价格,而间接成本是指在购车时,所支付的购置附加税、牌照费、注册登记手续费、养路费、车船所用税、保险费等费用。

在实际评估计算中,为了使计算简便,通常间接成本只考虑车辆购置附加税,而车辆购置附加税是车价的10%,由于车价中含有17%增值税,则:

$$车辆购置附加税 = 车价/1.17 \times 10\%$$

则重置成本 B 简易计算公式:

$$B = 车价 + 车辆购置附加税 = 车价 + 车价/1.17 \times 10\%$$

(4) 成新率

成新率是反映旧机动车新旧程度的指标。旧机动车成新率是表示旧机动车的功能或使用价值占全新机动车的功能或使用价值的比率,也可以理解为旧机动车的现时状态与机动车全新状态的比率。

在旧机动车鉴定估价的实践中,重置成本法是旧机动车价值评估的常选办法,要想较为准确地评估车辆的价值,成新率的确定是关键。成新率作为重置成本的一项重要的指标,如何科学、准确地确定该项指标,是旧机动车鉴定评估中的重点和难点。因为成新率的确定不仅需要根据一定的客观资料和检测手段,而且在很大程度上依靠评估人员的学识和评估经验来进行判断,成新率的估算方法应根据旧机动车的新旧程度、技术状况、价值高低等情况来选择估算方法,成新率估算方法主要有使用年限法、行驶里程法、整车观测法和部件鉴定法等方法。其中,使用年限法和行驶里程法应用较广。

使用年限法一般采用等速折旧法估算旧机动车成新率,其计算公式如下:

$$C_D = \left(1 - \frac{Y}{G}\right) \times 100\% \tag{8-1}$$

式中:C_D 为等速折旧法成新率;G 为规定使用年限,即机动车的使用寿命;Y 为已使用年限,是指机动车从登记日期开始到评估基准日所经历的时间。

等速折旧法方法简单,容易操作,一般用于价值不高的旧机动车价格的评估

也可采用行驶里程法计算旧机动车成新率,其计算公式如下:

$$C_X = \left(1 - \frac{L_1}{L_2}\right) \times 100\% \qquad (8-2)$$

式中：C_X 为行驶里程法成新率；L_1 为机动车累计行驶里程数（单位：km）；L_2 为机动车报废标准规定的行程里程数（单位：km）。

上式使用前提为车辆使用强度大，累计行驶里程数超过年平均行驶里程。我国颁布的《机动车强制报废标准规定》限定了汽车的使用年限和行驶里程，只要使用达到规定年限或行驶里程，车辆就要报废。

(5) 综合调整系数

采用使用年限法和行驶里程法计算成新率时，还应考虑二手车的技术状况对成新率的影响，影响二手车成新率的主要因素有车辆技术状况、使用和维修状态、原始制造质量、工作性质、工作条件等5个方面。为此，综合调整系数由5个方面构成，这5个方面因素的影响权重是不同的，根据经验分别取为30%、25%、20%、15%和10%，则综合调整系数的计算公式如下：

$$K = K_1 \times 30\% + K_2 \times 25\% + K_3 \times 20\% + K_4 \times 15\% + K_5 \times 10\% \qquad (8-3)$$

式中：K_1 为车辆技术状况调整系数；K_2 为车辆使用和维修状态调整系数；K_3 为车辆原始制造质量调整系数；K_4 为车辆工作性质调整系数；K_5 为车辆工作条件调整系数。各调整系数的选取方法及其权重分配参见表8-1。

表8-1 调整系数的选取方法

影响因素	因素分级	调整系数	权重(%)
技术状况	好	1.0	30
	较好	0.9	
	一般	0.8	
	较差	0.7	
	差	0.6	
维护	好	1.0	25
	较好	0.9	
	一般	0.8	
	较差	0.7	
制造质量	进口车	1.0	20
	国产名牌车	0.9	
	进口非名牌车	0.8	
	走私罚没车、国产非名牌车	0.7	

(续表)

影响因素	因素分级	调整系数	权重(%)
工作性质	私用	1.0	15
	公务、商务	0.7	
	营运	0.5	
工作条件	较好	1	10
	一般	0.8	
	较差	0.6	

(6) 二手车变现系数

当对二手车进行价值评估时,还应充分考虑到市场微观经济环境(如某品牌或某车款的热卖度、供求关系、车龄、地区差异、车辆档次或价位等)和政府宏观政策对车辆变现能力的影响,即需考虑二手车的变现系数。

由于二手车变现系数影响因素很多,估计难度较多,一般在二手车价值评估中省略。

(7) 计算步骤

用重置成本法成新率模型评估二手车价值,可按下列步骤进行。

第一步:确定重置成本。

重置成本是以被评估车辆在评估基准日时的全新车辆价格(包括上牌的各种税费),一般是通过市场询价而取得,市场询价就是从新车生产厂家、经销商、各种媒体上取得,它是评估的第一步,价格资料、技术资料的准确与否直接关系到评估结论是否正确。

第二步:确定成新率。

确定成新率是重置成本法运用中的难点,评估人员在现场勘察的基础上,认真填好评估勘察作业表格,详细鉴定车况,可用上述五种方法确定成新率。在此基础上综合分析品牌因素、市场热销程度、市场占有率情况、车龄、地区差异、车辆档次和政府的宏观政策,对车辆的变现能力的影响,计算确定二手车变现系数以确定综合成新率。

第三步:确定综合调整系数。

根据对二手车技术状况的鉴定,确定其各个调整系数,再考虑其对应的权重,确定综合调整系数。

第四步:计算评估值。

采用重置成本法的公式计算评估值。

2. 收益现值法评估二手车价值

(1) 收益现值法的定义

收益现值法是将被评估的车辆在剩余寿命期内预期收益用适当的折现率折现为评估基准日的现值,并以此确定评估价格的一种方法。二手车的价格评估一般很少采用收益现值法,但对一些特定目的、有特许经营权的二手车,人们购买的目的往往不是在于车辆本身,而是车辆获利的能力。因此对于营运车辆的评估采用收益现值法比较合适。

(2) 收益现值法的基本原理

收益现值法是基于这样的假设,即人们之所以购买某车辆,主要是考虑这辆车能为自己带来一定的收益。采用收益现值法对二手车进行评估所确定的价值是指为获得该二手车以取得预期收益的权利所支付的货币总额,它以车辆投入使用后连续获利为基础。如果某车辆的预期收益小,车辆的价格就不可能高,反之车辆的价格肯定就高。

收益现值法评估值的计算,实际上就是对被评估车辆未来预期收益进行折现的过程。所谓折现,就是将未来的收益,按照一定的折现率,折算到评估基准日的现值。这里就引出了收益现值法中一个重要概念,那就是资金的时间价值问题。资金的时间价值是指资金作为资本的形态,在扩大再生产及其周转过程中,随着时间的增长而产生的增值,其具体形态就是利息或利润。由于资金具有时间价值,一定数额的收益发生在不同的时间,具有不同的价值。所以,收益必须与时间结合起来才能真正反映出资产的价值。

使用收益现值法评估出的二手车价值指的是评估基准日这一时点的价值,但收益是在未来某个时间发生的,故需要对未来不同时间产生的收益或者是支出的费用进行时间价值的计算,即将未来的收益和支出的费用换算到评估基准日这一时点的价值,这就是所谓的等值计算。将未来收益进行时间价值的计算,并换算成评估基准日这一时点的价值过程称为折现,所使用的换算比率就称为折现率。

(3) 收益现值法的应用前提

收益现值法应用的前提:

① 被评估二手车必须是经营性车辆,且具有继续经营和获利的能力。

② 继续经营的预期收益可以预测而且必须能够用货币金额来表示。

③ 二手车购买者获得预期收益所承担的风险也可以预测,并可以用货币衡量。

④ 被评估二手车预期获利年限可以预测。

由以上应用的前提条件可见,运用收益现值法进行评估时,是以车辆投入使用后连续获利为基础的。在机动车的交易中,人们购买的目的往往不是在于车辆本身,而是车辆获利能力,因此,收益现值法较适用投资营运的车辆。

(4) 收益现值法的计算方法

收益现值法的评估值的计算,实际上就是对被评估车辆未来预期收益进行折现的过程。被评估车辆的评估值等于剩余寿命期内各收益期的收益现值之和,其基本计算公式如下(模型一):

$$P = \sum_{t=1}^{n} \frac{A_t}{(1+i)^t} = \frac{A_1}{(1+i)^1} + \frac{A_2}{(1+i)^2} + \cdots + \frac{A_n}{(1+i)^n} \qquad (8-4)$$

式中:P 为评估值;A_t 为未来第 t 个收益期的预期收益额,二手车的收益期是有限的,A_t 中还包括收益期末车辆的残值,一般估算时残值忽略不计;n 为收益年期,对二手车为剩余使用年限;i 为折现率;t 为收益期,一般以年计。

当 $A_1 = A_2 = \cdots = A_t = A$ 时,即 t 从 $1 \sim n$ 未来收益分别相同为 A 时,则有模型二如下:

$$P = A\left[\frac{A_1}{(1+i)^1} + \frac{A_2}{(1+i)^2} + \cdots + \frac{A_n}{(1+i)^n}\right] = A \cdot \frac{(1+i)^n - 1}{n(1+i)^n} \quad (8-5)$$

简记为下式：

$$P = A \cdot (P/A, i, n) \quad (8-6)$$

(5) 收益现值法评估的工作步骤

运用收益现值法评估应按下列步骤进行。

第一步：收集有关营运车辆的收入和费用的资料；

第二步：估算预期收入；

第三步：估算运营费用；

第四步：估算预期净收益；

第五步：选用适当的折现率；

第六步：选用适当的计算公式求出收益现值。

评估中采用的预期收入、预期运用费用和预期净收益，都采用正常客观的数据。

利用被评估车辆本身的资料直接推算出的预期收入、预期营运费用或预期净收益，应与类似二手车的正常情况下的预期收入、营运费用和净收益进行比较。若与正常客观的情况不符，应进行适当的调整修正，使其成为正常客观的数据。

在求取净收益时，应根据净收益过去、现在、未来的变动情况及可获收益的年限，确定未来净收益流量。

收益年限的确定应根据被评估车辆的使用情况、市场竞争趋势和机动车报废标准的规定，确定一个合理的年限。

折现率宜以投资于该类营运车辆所能获得的正常投资报酬为基准。

3. 现行市价法评估二手车价值

(1) 现行市价法的定义

现行市价法又称市价法、市场价格比较法或销售对比法。是指通过比较被评估车辆与最近出售类似车辆的异同，并对类似车辆市场价格进行调整，从而确定被车辆价值的一种评估方法。

(2) 现行市价法的基本原理

现行市价法的基本原理：通过市场调查，选择一个或几个与评估车辆相同或类似的车辆作为参照车辆，分析参照车辆的结构、配置、功能、性能、新旧程度、地区差别、交易条件及成交价格等，并与待评估车辆一一对照比较，找出两者的差别及差别所反映的价格上的差额，经过调整，计算出二手车的评估价格。

运用现行市价法要求充分利用类似二手车成交价格信息，并以此为基础判断和估测被评估车辆的价值。运用已被市场检验的结论来评估被评估车辆，显然是容易被买卖双方当事人接受的。因此，现行市价法是二手车鉴定评估中最为直接、最具说服力的评估途径之一。

用现行市价法评估二手车包含了被评估车辆的各种贬值因素,如有形损耗的贬值、功能性贬值和经济性贬值。因为市场价格是综合反映车辆的各种因素的体现,车辆的有形损耗及功能陈旧而造成的贬值,自然会在市场价格中有所体现。经济性贬值则反映社会上对各类产品综合的经济性贬值的大小,突出表现为供求关系的变化对市场价格的影响,因而,用市价法评估不再专门计算功能性贬值和经济性贬值。

现行市价法是最直接、最简单的一种评估方法,也是二手车价格评估最常用方法。

(3) 现行市价法的应用前提

现行市价法是以同类二手车销售价格相比较的方式来确定被评估车辆价值的,因此,运用这一方法时一般应具备两个基本的前提条件:

① 要有一个市场发育成熟、交易活跃的二手车交易公开市场,经常有相同或类似二手车的交易,有充分的参照车辆可取,市场成交的二手车价格反映市场行情,这是应用现行市价法评估二手车的关键。在二手车交易市场上二手车交易越频繁,与被评估相类似的二手车价格越容易获得。

② 市场上参照的二手车与被评估二手车有可比较的指标,并且这些指标的技术参数等资料是可收集到的,而且价值影响因素明确,可以量化。

运用现行市价法,重要的是要在交易市场上能够找到与被评估二手车相同或相类似的已成交过的参照车辆,并且参照车辆是近期的、可比较的。所谓近期,是指参照车辆交易时间与被评估二手车鉴定评估基准日相差时间相近,一般在一个季度之内;所谓可比较,是指参照车辆在规格、型号、功能、性能、配置、内部结构、新旧程度及交易条件等方面与被评估二手车不相上下。

现行市价法要求二手车交易市场发育比较健全,并以能够相互比较的二手车交易在同一市场或地区经常出现为前提,而目前我国各地二手车交易市场完善程度、交易规模差异很大,有些地区的汽车保有量少、车型数少,二手车交易量少,寻找参照车辆较为困难,因此,现行市价法的实际运用在我国目前的二手车交易市场条件下将受到一定的限制。

现行市价法是从卖者的角度来考虑被评估二手车的变现值的,二手车价值的大小直接受市场的制约,因此,它特别适用于产权转让的畅销车型的评估,如二手车收购(尤其是成批收购)和典当等业务。畅销车型的数据充分可靠,市场交易活跃,评估人员熟悉其市场交易情况,采用现行市价法评估二手车时间会很短。

(4) 现行市价法的评估方法

运用现行市价法确定单台车辆的价值通常采用直接比较法、类比调整法和成本比率估价法。

直接比较法又称直接市价法,是指在市场上能找到与被评估车辆完全相同的车辆的现行市价,并依其价格直接作为为被评估车辆评估价格的一种方法。

类比调整法又称为类似比较法,是指评估车辆时,在公开市场上找不到与之完全相同但能找到与之相类似的车辆时,以此为参照车辆,并根据车辆技术状况和交易条件的差异对价格做出相应调整,进而确定被评估车辆价格的评估方法。

成本比率估价法是用二手车的交易价格与重置成本之比来反映二手车的保值程度。

这种方法是在评估实践中,通过分析大量二手车市场交易的统计数据,得到同类型的车辆的保值率(相反即为贬值率)与其使用年限之间存在基本相同的函数关系。也就是说,只要是属于同一类别的车辆,即使实体差异较大,但使用年限相同,那么它们的重置成本与二手车交易价格之比是很接近的。根据这个规律,通过统计分析的方法,建立使用年限与二手车售价/重置成本之间的函数关系,以此来确定在二手车市场上无法找到基本相同或者相似参照物的被评估车辆的评估值。

(5) 现行市价法的基本程序

采用现行市价法评估二手车价值时,一般可按如下程序进行:

① 收集资料。收集被评估对象的资料,包括车辆的类别、型号、性能、生产厂家,了解车辆的使用情况、已使用年限,鉴定车辆现时的技术状况等

② 选定二手车市场上相同或相似的参照物,所选的参照物必须具有可比性。参照物与被评估对象完全相同的很难找,一般都存在一些差异,只要存在差异,就应进行调整。

③ 分析、比较。将参照物与被评估对象进行比较,分析它们之间存在的差异,确定其差异程度,并进行调整。调整是针对参照物进行的,而不能对被评估对象进行调整,因为参照物已有了市场交易价格。主要是针对其价格进行调整,确定需调整的比较因素及其调整系数。

④ 计算被评估对象的评估值。在分析比较的基础上,确定比较因素,并将各因素的调整系数确定后,代入有关计算公式进行评估值的计算,最终获得评估结论。

4. 清算价格法评估二手车价值

(1) 清算价格法的定义

清算价格法是以清算价格为标准,对二手车进行的价格评估。

所谓清算价格,是指企业由于破产或其他原因,要求在一定的期限内将车辆变现,在企业清算之日预期出卖车辆可收回的快速变现价格。

(2) 清算价格法的原理

主要根据二手车技术状况,运用现行市价法估算其正常价值,再根据处置情况和变现要求,乘以一个折扣率,最后确定评估价格。

清算价格法在原理上基本与现行市价法相同,所不同的是迫于停业或破产,清算价格往往大大低于现行市场价格。

(3) 清算价格法的适用范围

清算价格法适用于企业破产、抵押、停业清理时要出售的车辆。

(4) 决定清算价格的主要因素

采用清算价格进行评估的车辆,通常要在较短的期限内将车辆变现,因此其价格往往低于现行市价,这是快速变现原则决定的。清算价格的高低一般与企业破产形式、车辆拍卖时限、车辆现行市价、车辆拍卖方式等因素有关。

(5) 清算价格法的评估方法

清算价格的方法主要有现行市价折扣法、意向询价法、拍卖法等三种。

现行市价折扣法是指对清理车辆,首先在二手车市场上寻找一个相适应的参照物,然后根据快速变现原则估定一个折扣率并据以确定其清算价格。如一辆旧桑塔纳轿车,经调查在二手车市场上成交价为 4 万,根据销售情况调折价 20% 可以当即出售。则该车辆清算价格为 $4×(1-20\%)=3.2$(万元)。

意向询价法是根据向被评估车辆的潜在购买者询价的办法取得市场信息,最后经评估人员分析确定其清算价格的一种方法。用这种方法确定的清算价格受供需关系影响很大,要充分考虑其影响的程度。例如,有一辆旧桑塔纳普通型轿车,拟评估其清算价格。评估人员经过对五个有购买意向的经纪人询价,其价格分别为 4.5 万元、4.6 万元、4.7 万元、4.8 万元、4.6 万元,价格差异不大,评估人员确定清算价格为 4.6 万元。又如,有一辆 2004 款福特林肯轿车,拟评估其清算价格。评估人员经过对三个有购买意向的经纪人询价,其价格分别为 15 万元、11 万元、17 万元,价格差异较大,评估人员不能以此来确定清算价格。

拍卖法是由法院按照法定程序(破产清算)或由卖方根据评估结果提出一个拍卖的低价,在公开市场上由买方竞争出价,谁出的价格高就卖给谁。二手车拍卖有两种拍卖方式,即现场拍卖和网上拍卖。

8.3 二手车置换

8.3.1 二手车置换的目的与方式

1. 二手车置换的目的

二手车置换,是消费者用二手车的评估值加上另行支付的车款从品牌经销商处购买新车的业务。品牌经销商本身具有良好的信誉并能够提供优质的服务,相应的,消费者也更信赖品牌经销商提供的二手车服务,在二手车置换过程中主要是二手车评估服务。消费者在更换新车的过程中享受到了更加便利和专业的服务。

二手车置换目的就是以旧换新来开展二手车贸易简化更新程序,并使二手车市场和新车市场互相带动、共同发展。

2. 二手车置换的方式

(1) 同品牌内的旧车换新车,即用同品牌二手车置换同一品牌新车(以旧换新)。

(2) 多品牌置换某一品牌新车的业务,即用本品牌二手车置换同一车系的不同品牌任一款车。

(3) 不同品牌二手车之间以旧换旧,比如二手富康换二手宝马,只要购买的是本厂的新车,置换二手车不限品牌。

8.3.2 二手车置换特点

各个汽车品牌越来越重视二手车业务,二手车置换为二手车业务提供了大量的车源,也带动了新车销售。与传统二手车交易方式相比,二手车置换业务有自己的特点。

1. 周期短、时间快

车主只需将旧车开到4S店,现场评估师20分钟左右就能对旧车评估出价格,车主选好心仪的新车后,只要缴纳中间的差价即可完成置换手续,剩下的所有手续都由4S店代为办理,并且免代办费,大概一周就能完成新车置换。

2. 4S店二手车置换品质有保证,风险小

4S店按照厂家要求收购顾客的二手车,收购对象涵盖所有品牌及车型。对于消费者而言,4S店所提的车都是汽车厂商直供销售的,没有任何中间商,车辆状况、车辆质量让车主安心,消除了车主不懂车不知道怎么挑车的疑虑。

以前卖旧车买新车,要经过二手车谈价、旧车过户、收钱、与汽车经销商谈新车价格、交钱购车等一系列程序。现在只需在品牌二手车经销商处评估旧车,有专业人士为顾客提供专业、透明的车辆评估及报价服务,所有手续都由经销商代办,二手车车价抵扣新车车价,然后补齐差价,即可开着新车走。这就大大方便了消费者,同时促进了汽车市场中产品和资金流通的速度。

3. 有利于净化市场,增强市场竞争力

消费者对4S店的信任,会让一大批违规操作的组织或个人在这个领域没有立足之地。以汽车厂商为主导的品牌二手车置换模式,将打破二手车市场"自由散漫"的传统,重新构建全国二手车交易新的游戏规则。

4. 汽车厂商的多重促销手段,让车主受益

随着汽车国产化技术的成熟,以及限购政策的制约,汽车厂商把二手车置换作为角逐的主战场,并配合国家出台的政策补贴,纷纷在打出降价的同时,又推出了"原价"置换、置换送高额补贴、再送礼品或免费活动等四重优惠活动,这是打动众多车主还车的根源。

5. 4S店借助电商平台精准有效推广

互联网是目前信息传导最快、最有效、性价比最高的新媒体,很多汽车厂商都把它作为推广的主阵地,特别是卡酷汽车网、太平洋汽车网、汽车之家、爱卡汽车、网易汽车、搜狐汽车、新浪汽车这七大受众高的垂直媒体,不但给车主带来了丰富的汽车生活享受,也给汽车厂商带来高转化率的投资回报。

8.3.3 二手车置换流程

首先,顾客要了解置换市场信息,应该做到"三多"——多看、多查、多问,不但要货比三家,还要看看新车价格,这样才能在谈价时占得先机。消费者可以通过电话或直接到品牌销售店进行咨询,了解新车情况以及旧车置换业务的优惠政策,同时也可登录网站进行

置换意向登记。

其次,要进行车辆检测。建议车主到可信度高、权威性高的检测机构去进行车辆检测,一般要进行33项检测。

比如马自达6 2.3AT豪华型,其登记日期为2006年1月,出手日期为2006年10月,行驶里程为2.2万公里/9个月。同型号新车售价20.58万元,含购置税约22.3万元,收购价格为18.8万元,与收购价格对比,车主损失为22.3－18.8＝3.5(万元)。一般使用9个月以上,或者接近1年的车辆,旧车商家会按照使用1年的标准计算收购行情价。也就是说,进入二手车交易领域的车,购买时间越短,其车主的损失相对越大。然后要做的就是对旧车评估定价,由销售店的专业评估师进行旧车评估。评估师要先看使用年限,当然行驶里程的多少也是判断车况优劣的关键,只是行驶里程在使用年限较少的车上还能算得准些,对使用时间较长的车辆,行驶里程很难准确认定。一般私家车年均里程为1.5万～2.5万公里之间;企业或公务用车在2.5万～3.5万公里甚至更多。原则上,跑的里程数越少,车辆价值越高,相应车辆价值的升高,折旧率也会随之相应降低。

在同一系列中,旧车的收购价以基本型为基础,即最便宜的那一款价格为参考,同时根据不同配置,收购价格适当增加,但是幅度不会很大。车主可以根据自己车型属于哪一系列先给自己的爱车做个价格评估,做到心中有数,以免上当受骗。需要说明的是,豪华型汽车受基本型汽车的制约,由于豪华型汽车配置更具科技含量,档次也更高,折旧率也会相对低些,旧车商家一般会根据发动机排量、性能,结合配置的高低确定收购价。

另外,汽车销售有淡季和旺季的区别,一般来说每年的长假之前以及年底之前都是二手车销售的高峰期,出售车辆的价格相对要略高于平时;另外,在新车价格稳定的情况下二手车价格出售也相对稳定,一些有价格空间的车型降价会影响到二手车的价格。

旧车的事情解决了,就轮到新车了,选择一款称心的新车,确定其价格。新车需交钱款＝新车价格－旧车评估价格。如果旧车贷款尚未还清,可由经销商垫付还清贷款,款项计入新车需交钱款。

顾客补足新车差价后,办理提车手续。过户一定要留心车辆手续是否齐全。买车手续齐全,就会减少不必要的开支。当然,卖车手续齐全,价格也会相应高一些。

顾客如需贷款购新车,则置换旧车的钱款作为新车的首付款,销售店的销售顾问会协助顾客办理购车贷款手续,建立提供因汽车消费信贷所产生的资信管理服务,并建立个人资信数据库。

双方签订旧车购销协议以及置换协议后,销售店办理旧车过户手续,顾客提供必要的协助和材料。一切工作都完成后,车主就可以安全放心地提车了。

二手车置换的注意事项包括以下方面。

(1) 事先了解二手车价格:在置换前不妨通过各种渠道多参考一些评估价格,和同档次二手车目前的市场报价,避免在置换的时候被蒙。

(2) 了解所要置换新车动态:给自己的车辆定价时也要考虑到该品牌新车目前的市场状况。不能只按照当时购车价格减去折旧的价格计算置换时的估价。

(3) 以旧看新:在了解自己车辆的实际收购价格后,就可以参照旧车收购价格来考虑新车理想的优惠幅度了。

（4）手续过户：二手车的过户手续至关重要。在正式成交后的过户阶段，车主可要求经销商提供过户后的交易票复印件、登记证书复印件、养路费和保险过户的复印件。或者在买卖交易的时候签订协议书，以免在今后的使用中出现不必要的麻烦。

8.4 二手车交易

8.4.1 二手车交易概述

1. 二手车交易概念

二手车交易指以二手车为交易对象，在国家规定的二手车交易中心或其他经合法审批的交易场所中进行的二手车的商品交换和产权交易。

2. 二手车交易市场

二手车交易市场是指依法设立、为买卖双方提供二手车集中交易和相关服务的场所，是二手车信息和资源的聚集地，是买主和卖主进行二手车的商品交换和产权交易的场所。

3. 相关管理部门

业务与行业管理由商务部负责，行政管理由工商、税务、公安交管、环保、治安等部门负责，涉及国有资产的还应服从国有资产管理部门的管理。

4. 业务与行业管理的主要依据

业务与行业管理的主要依据是2005年10月1日颁布的《二手车流通管理办法》。

8.4.2 二手车交易手续

《机动车登记规定》规范了二手车交易过户、转籍登记的行为，由于各地实际情况不同，在执行时有所不同。总的来说，二手车交易中，需要的证件或证明一般有车辆登记证书、车辆行驶本（在年检合格期间内）、车辆购置附加费证明、购买车辆的原始发票（或上一次过户票）、车主身份证（单位提供法人代码证书）、车船使用税、买方车主身份证（单位需提供法人代码证书）。

二手车交易中出现问题最多的往往是车辆过户交易之后，很多人认为车辆登记证书、行驶证已经过户就完成了过户手续，其实车辆过户之后还要进行购置附加费、保险的车主变更，这样才能方便继续缴纳费用，否则在后续使用中将造成更多的不便。

8.4.3 二手车交易流程

二手车交易采取的是在市场集中交易办理证照的方法，由市公安局车辆管理所派驻警官驻场监管和指导,重点环节由警官进行审核把关,具体操作性事务由市场工作人员协助完成。它既保证了驻场警官对整个操作过程的有效监管,也充分提高了市场工作人员的责任感、积极性,从而使二手车交易的证照办理工作有条不紊地进行。

二手车的交易程序,根据其交易的特性,为杜绝盗抢车、走私车、拼装车和报废车的面市,切实维护消费者的合法权益,科学合理地设计了"一条龙"的作业方式,使二手车交易在规范有序的程序内进行,减少了购销双方的来回奔波,体现了便民、可监控和有序的交易环境。其主要环节包括车辆查验、车辆评估、车辆交易、初审受理、材料传送过户制证、转出调档、材料回送、收费发还。

8.4.4 二手车交易注意事项

1. 二手车手续

消费者对要买的二手车的手续要有一个详细的了解。有些买车人因为图便宜选择购买些手续不完备、不能过户的二手车,这样不仅买家会有麻烦,卖家也会存在相同的麻烦。二手车交易需要的手续有车辆登记证、行驶证、购车发票、保险单以及交易双方的身份证。

2. 二手车里程表是否做假

汽车里程表主要分为两种,即机械式和电子式。机械式里程表利用的是齿轮转动的工作原理,只要拨动里程表计数器的齿轮,就能随意调整读数。而后者的回调难度要大些,但也不是不可能。很多人都习惯通过了解车辆的使用年限及公里数来判断原车主的用车情况,这个想法是没有问题的,但判断车况不能单凭里程表,因为这个是可以改动的,建议消费者提高警惕。

3. 车况是否隐瞒问题

买二手车首先要进行目测检查,包括检查车辆发动机型号和出厂编号、底盘型号是否与行车执照上的记载吻合。二是车辆的技术状况检查,包括检查车辆是否发生碰撞受损、车门是否平衡、油漆脱落情况和车辆的金属锈蚀程度等。三是车厢内部、附属装置、车辆底部检查,要看座位的新旧程度、座椅是否下凹,以及行李箱的随车工具是否完整,车窗玻璃升降是否灵活、仪表是否原装、踏板是否有弹性等。四是发动机检查,包括观察发动机的外部状况,看汽缸外有无油迹露出;检查发动机油量,拿出机油量度尺看机油是否混浊不堪或起水泡;揭开水箱盖看风扇皮带是否松紧合适等。

4. 过户手续完整办理

最后,最关键也最容易忽略的问题就是车辆相关手续的过户。很多车主为了贪图省事,没有办理过户手续,导致后期无论是用车还是理赔都有很大的难题。建议消费者在购买二手车后尽快办理车辆相关手续和车险的过户更名手续。

5. 不能交易的二手车辆

以下车辆不允许交易(2005年8月发布的《二手车流通管理办法》的规定):

① 已报废或者达到国家强制报废标准的车辆;
② 在抵押期间或者未经海关批准交易的海关监管车辆;
③ 在人民法院、检察院、行政执法部门依法查封、扣押的车辆;
④ 通过盗窃、抢劫、诈骗等违法犯罪手段获得的车辆;
⑤ 发动机号码、车辆识别代号或车辆车架号与登记号不相符或者有凿改迹象的车辆;
⑥ 走私,非法拼、组装的车辆;
⑦ 在本行政区辖区以外的公安机关管理部门注册的车辆;
⑧ 国家法律、行政法规禁止经营的车辆。

习 题

1. 分析我国二手车交易市场的发展现状与存在的问题。
2. 二手车鉴定评估的目的是什么?
3. 二手车价值评估的方法有哪些?请简要说明。
4. 二手车静态检查和动态检查分别需检查哪些项目?
5. 二手车价值评估有几种方法?请简要说明。
6. 二手车置换的工作流程。

参考文献

[1] 鲁植雄. 汽车服务工程[M]. 北京:北京大学出版社(第3版),2017.
[2] 张国方. 汽车服务工程概论[M]. 长沙:中南大学出版社,2016.
[3] 高俊杰,姚宝珍. 汽车服务工程[M]. 北京:机械工业出版社,2018.
[4] 谭德荣,董恩国. 汽车服务工程[M]. 北京:北京理工大学出版社,2007.
[5] 程诚,庄继德. 汽车服务系统工程[M]. 北京:人民交通出版社,2005.
[6] 杜小龙. 精益汽车服务[M]. 北京:华夏出版社,2017.
[7] 邹铁方,武超群. 道路交通安全概论[M]. 长沙:中南大学出版社,2018.
[8] 黎修良,蔡飞. 汽车服务人员职业素养与规划[M]. 长沙:中南大学出版社,2017.
[9] 刘军. 汽车销售与售后服务全案[M]. 北京:化学工业出版社,2016.
[10] 章颖. 国际级实验教学示范中心功能与作用探讨[J]. 实验室研究与探索,2014,33(2):139-142.
[11] 汤家乐,程放,黄春晖,等. 素质教育模式下大学生实践能力与创新能力培养[J]. 实验室研究与探索,2013,32(1):88-89,135.
[12] 戴建国,尹飞鸿. 汽车服务工程专业应用型人才培养模式研究[J]. 常州工学院学报,2009,22(3):91-96.
[13] 习近平在全国高校思想政治工作会议上强调:把思想政治工作贯穿教育教学全过程 开创我国高等教育事业发展新局面[N]. 人民日报,2016-12-09(1).
[14] 高玉根,张力,陈岁繁. 汽车服务工程课程教学改革探讨[J]. 浙江科技学院学报,2016,28(3):240-243.
[15] 朱盛开. 积极推动能源转型和再电气化促进电动汽车服务业高质量发展[J]. 大众用电,2019,34(01):9-11.
[16] 肖生发,邓召文,胡群. 高校汽车服务工程专业应用型人才培养研究[J]. 中国现代教育装备,2011(19):49-50.